Carnet d'une fe

Pierre de Lano

Alpha Editions

This edition published in 2023

ISBN : 9789357962407

Design and Setting By
Alpha Editions
www.alphaedis.com
Email - info@alphaedis.com

Contents

CE QU'APPREND LE MARIAGE

Hier, pour la première fois depuis mon mariage, je suis retournée dans le monde.

Lorsque j'étais jeune fille, j'éprouvais un émoi, chaque fois que ma mère me conduisait en soirée. J'allais au bal, le cœur battant très fort, comme si j'eusse dû y rencontrer des êtres extraordinaires, comme si j'eusse dû y voir des choses très défendues.

Je croyais que le mariage m'eût guérie de cette inquiétude. Eh bien, pas du tout. Je me suis retrouvée, hier, en allant à cette fête, chez les de Sorget, exactement comme j'étais au temps—tout récent encore—où l'on m'appelait «mademoiselle.»

En vérité, oui, j'ai ressenti cette même anxiété qui me faisait interrogative, naguère, devant les gens et devant les choses que j'allais frôler, cette même nervosité qui m'agitait au point de m'empêcher de manger.

Cependant—le mariage est un grand initiateur—je dois avouer que mon émotion actuelle, que mon trouble de *femme*, ne ressemblent en aucune façon à mon trouble et à mon émotion de jeune fille; que mes sentiments et mes sensations d'aujourd'hui n'ont, avec ceux d'hier, de commun que l'apparence.

Jeune fille, je me rendais au bal, d'abord pour les jouissances intimes et inconscientes que le bal me procurait; ensuite, pour me rapprocher, tout en m'en éloignant au plus vite, avec quelque effroi même, des groupes d'hommes ou de femmes auxquels il ne m'était pas permis de me mêler; pour y chercher, peut-être aussi, la fine moustache du Prince Charmant que quelque rêve m'avait montrée.

Ce n'est point cette innocente curiosité qui m'a tourmentée, hier.

Je suis entrée chez les de Sorget avec l'espérance d'entendre et de voir ce que je n'avais, jusqu'alors, ni vu ni entendu—d'entendre des paroles que l'on ne dit qu'aux femmes mariées, de voir des visages qui ne sourient qu'à elles. S'il faut être franche, il y avait même plus que de l'espérance en moi; il y avait du désir et une forte dose de complaisance préméditée, à l'appui de ce désir.

Eh bien, j'ai été satisfaite.

On nous a mariés, Jean et moi, vers la fin de la saison mondaine. Il y a sept mois environ que nous vivons en tête à tête, ayant voyagé, et mon mari semblait tout heureux de revenir à ses amis, à ses habitudes. Sa hâte à marquer ce plaisir a même manqué de galanterie. Dès notre arrivée chez les de Sorget, il m'a «plaquée,» comme il dit, avec les femmes, et il s'en est allé serrer un tas de mains au fumoir, dans la serre, je ne sais où.

Cette fuite précipitée m'a un peu chagrinée. J'aime beaucoup Jean, malgré ses brusqueries fréquentes, ses façons de penser sans cesse, depuis quelque temps, à toute autre qu'à moi, l'ennui profond qu'il semble traîner après lui, mais qui n'est qu'un «chic,» qu'une attitude d'homme du monde, paraît-il. En le voyant me quitter aussi vite, j'ai eu comme un serrement de cœur, et je n'affirmerais point qu'une pauvre petite larme n'aurait pas noyé ma paupière si l'on m'avait laissé le loisir de ruminer ma peine.

Mais à peine Jean se fut-il éloigné, que je me vis prise d'assaut par une dizaine d'habits noirs, parmi lesquels je reconnus plusieurs de mes anciens danseurs—de mes assidus valseurs d'autrefois.

Je remarquai que tous, en dansant, m'enlaçaient beaucoup plus étroitement que jadis. Il y en eut, même, qui se livrèrent autour de ma taille et, à la dérobée, sur ma personne, à une sorte de «massage» qui m'agaça fort.

Les compliments qu'on m'adressait n'étaient plus les mêmes. Naguère, c'était après mille et une contorsions de phrases très comiques, souvent, que l'on osait me faire entendre que j'étais charmante. Hier, on n'a point pris tant de précautions, et l'on ne m'a plus dit que j'étais charmante. On a remplacé cet adjectif banal par d'autres plus accentués. Hier, selon mes danseurs, j'ai été tour à tour divine, prenante, sorcière, attirante; il y en eut un qui voulut absolument voir en moi une beauté perverse. Je l'assurai, en riant, car dans le monde il faut rire de tout et de tous, que je ne possède certainement aucune des qualités ou aucun des défauts qu'il me prêtait, et comme je lui donnais à supposer que je le croyais poète, il se récria:

—Moi, poète, non, madame, non. A peine musicien.

Je l'interrogeai:

—Instrumentiste?... compositeur?

Il parut réfléchir.

—Mon Dieu, ni l'un, ni l'autre... ou plutôt, instrumentiste.

—Pianiste?... violoniste?

—Non... tout ça... trop commun... Je joue du tambour.

—Du tambour?

—Oui; et comme, à Paris, jouer du tambour est défendu, j'ai fait capitonner, sur toutes ses faces, une chambre dans mon appartement où, sans gêner personne, je passe mes journées à «battre.»

Je ne pus tenir mon sérieux. Cet homme qui joue du tambour, durant toutes ses journées, qui est le duc de Blérac et qui trouve en moi tant de choses perverses, m'apparut comme le type le plus réjouissant qu'il fût offert de rencontrer. J'éclatai de rire, et, comme il ne comprit pas la cause de ma gaîté, il se mit à rire avec moi.

En me reconduisant à ma place, il m'a invitée à venir voir son installation musicale. Je l'ai remercié.

Comme la soirée s'achevait, je pensai: des mains se sont promenées sur tout ce que mon corps laissait à leur portée; des bouches ont prononcé, à mes oreilles, des mots que la correction mondaine empêchait tout juste d'être inconvenants; des regards ont fixé mon regard, dans une convoitise à peine dissimulée.

C'étaient donc là, les choses que j'ignorais, jeune fille, et au-devant desquelles j'allais, tout à l'heure, presque émue?

J'eusse dû m'indigner. Je ne m'indignai pas, je le confesse, et, quoique je reconnusse la sottise de ceux qui m'avaient ainsi ennuyée, je trouvai quelque attrait que je ne saurais expliquer au danger que cachaient leurs paroles ou leurs gestes et que, dans un instinct, je devinai.

Je me faisais un plaisir de conter tout cela à Jean, lorsque nous sortirions.

Mais, aux premiers mots que je lui adressai, dans la voiture, à ce sujet, il m'arrêta:

—On vous a fait la cour, tant que cela?... Eh bien, vous ne devriez pas me le dire. Une femme, dans notre monde, ne dit jamais à son mari qu'on lui fait la cour.

Etonnée, je répliquai:

—Je ne vous comprends pas.

Alors, un peu brusque, Jean conclut:

—C'est simple, pourtant.—Une femme ne peut empêcher qu'on lui fasse la cour. Cela ne l'engage en rien et ne regarde qu'elle.

En mettant son mari au courant de tous ces détails de salon, elle le rend ridicule. Songez-y.

Je restai muette et, comme le désirait Jean, je songeai... je songeai que le mariage apprend, aux femmes, de singulières choses... dans notre monde.

———

L'INCONSTANCE DU MARI

J'ai appris, aujourd'hui, une chose abominable... une chose qui m'a fait un mal affreux.

J'ai appris que mon mari, que Jean a une maîtresse, c'est-à-dire ne m'aime plus, sans doute.

Cette révélation explique bien des faits que je ne comprenais pas depuis le retour de notre voyage de noces.

Jean, dès le lendemain de ce retour, presque, s'était montré nerveux, ennuyé et, comme une sotte que j'étais, je pensais que cet état d'esprit correspondait, chez lui, à un simple «chic» de mondain. C'était une femme qui le changeait ainsi, et cette femme a été plus forte que moi, puisque je n'ai pas su la deviner et lui retirer mon mari, même, et surtout, sans connaître qu'elle était ma rivale.

Je n'oserais affirmer que Jean n'avait pas un peu lassé ma patience par ses singularités de caractère et d'attitude, en ces derniers temps; je n'oserais affirmer que je l'aime autant que jadis. Cependant, en apprenant qu'il a une maîtresse, j'ai éprouvé un gros chagrin et, l'avouerai-je, un froissement d'orgueil très profond.

On assure que lorsque l'orgueil se mêle à un sentiment de tendresse, cette tendresse est à son déclin. Je ne sais si cette observation est juste; mais il me semble très naturel qu'une femme, jeune, jolie—parfaitement, jolie!—à peine mariée, comme je suis, se sente humiliée à la pensée qu'une autre femme lui prend celui qu'elle a aimé ou qu'elle aime.

Je ne suis pas une niaise et j'eusse pardonné, à Jean, un caprice—une passade—selon l'expression de cette folle d'Yvonne, après laquelle passade l'infidèle me fût revenu tout entier, au moins moralement. Mais non; il a une maîtresse, une maîtresse qu'il adore, sans doute, et auprès de laquelle il vit le plus grand nombre de ses heures.

Comment ai-je su l'inconstance de Jean? Très simplement et, probablement, comme on sait ordinairement ces choses-là. Une imprudence de mon mari m'a mise au courant des faits.

Etant entrée, cette après-midi, dans sa chambre, je ne l'y trouvai pas, mais j'y vis, en revanche, traînant sur un meuble, une lettre dont il m'a semblé reconnaître l'écriture. La tentation fut plus puissante que mon désir de ne pas lire, que l'avis de ma conscience qui me conseillait de ne pas être curieuse; j'ouvris la lettre et je la parcourus. Je ne me trompais pas. L'épître était de cette petite peste de Rolande qui, mariée au duc de Blérac—le monsieur qui

passe ses journées à jouer du tambour et qui m'a fait la cour récemment—
s'ennuie et se distrait, je le vois, en volant, à ses amies, leurs maris.

Il y avait, là, quatre pages d'extraordinaire passion exprimée dans un
langage, par des mots que je n'ai pas très bien compris, toujours. Je ne croyais
pas Jean, dans ses grands airs froids, guindés et cérémonieux, que jamais le
rire n'éclaire, capable de parler un tel patois amoureux, capable, surtout,
d'inspirer à une femme l'enthousiasme que témoigne Rolande.

Ce fait présente, à mes yeux encore mal ouverts de petite mariée, comme
on me nomme depuis mon retour à Paris, une énigme qui m'intrigue et que
je ne devinerai jamais, si je reste ce que je suis, une pauvre bête d'épousée que
tout étonne.

J'ai pleuré en lisant la prose de Rolande—cette prose où il y a des phrases
d'amour si précises, que je n'ai pu douter une seconde de l'intimité de ses
relations avec Jean—des phrases aussi qui me feraient supposer que cette
intimité date de plus loin que notre retour à Paris, existait avant notre mariage.

J'ai pleuré. Mais Jean ne saura pas ma peine. Je ne suis pas si naïve que je
ne sache qu'un plaisir se double par la douleur ou, simplement, par l'ennui
qu'il procure à autrui, dans un contre-coup logique. En apprenant que j'ai
pleuré, Jean qui considère sa trahison, peut-être, ainsi qu'une incidence
insignifiante dans sa vie, l'envisagerait comme une chose sinon méritoire, du
moins fort appréciable, et en goûterait le charme d'autant plus délicieusement
qu'il se saurait deviné, qu'il se croirait surveillé.

Je ne l'ai pas vu, d'ailleurs, aujourd'hui, et j'ai des «chances» pour ne le
point voir jusqu'à demain.

Yvonne seule—ma meilleure amie du Sacré-Cœur—cette tête folle
d'Yvonne de Mercy, est venue me troubler dans mes méditations et me tirer,
un peu aussi, de mon chagrin.

Elle a dîné avec moi et sa présence m'a certainement consolée.

C'est un cœur excellent, mais quelle cervelle détraquée!

Mariée depuis deux ans, elle parle de tous et de tout sur un ton qui
n'admet pas de réplique. Elle professe une grande expérience des choses
d'amour, surtout, et comme je ne suis pas assez savante, en cette matière,
pour la contredire, je suis bien forcée de m'incliner devant ses raisonnements.

On lui fait une cour terrible, dans le monde, et elle a, sans cesse, un
troupeau d'amoureux sur ses pas. On l'a baptisée, pour cette cause, la
Bergère.—Gare au loup, madame; les moutons attirent le loup qui croque
même les bergères.

On ne peut rien lui cacher, et elle s'est aperçue que j'avais les yeux rouges... que j'avais pleuré. Elle m'a questionnée et quoique j'eusse voulu ne pas révéler le secret humiliant qui me faisait souffrir, elle m'a obligée, par ses instances, par ses caresses, à le lui avouer.

Je m'attendais à ce qu'elle s'indignât avec moi contre la conduite de Jean. Mais elle s'est mise à rire, à rire, à tellement rire, que sa gaîté m'a choquée. Voyant qu'elle me contrariait, elle est redevenue sérieuse et m'a dit:

—Ton mari te trompe, et tu te lamentes, et tu pleures, au risque d'abîmer tes jolis yeux. C'est insensé.

—Tu ne voudrais pas, pourtant, que je me réjouisse, répliquai-je.

—Non. Mais je tiens à ce que tu ne perdes pas ton temps et ta beauté en des gémissements inutiles. La surprise que tu éprouves, actuellement, tu l'aurais éprouvée demain. Un peu plus tôt, un peu plus tard, va, c'est ainsi dans le mariage, pour nous autres, femmes, et le mieux, souvent, est quand c'est un peu plus tôt.

—Que signifie cela?

—Cela signifie qu'on a, ainsi, plus de temps devant soi, pour se consoler.

—C'est affreux ce que tu dis là.

—Mais non, ce n'est pas affreux. C'est simplement conforme à la morale mondaine.

Comme je ne trouvais rien à répondre à cette étrange théorie, Yvonne se rapprocha de moi et, s'emparant de mes mains, me parla affectueusement.

—Ecoute-moi bien. Jean t'a aimée pendant sept mois d'une façon à peu près exclusive. Eh bien, résigne-toi s'il ne t'aime plus ainsi, et songe que tu es parmi les heureuses. Combien de femmes, dans le monde, pourraient avoir le souvenir d'amour que tu possèdes et y puiser une compensation à leur abandon? Nous donnons beaucoup, en entrant dans le mariage, ma pauvre chérie, tandis que l'homme ne nous offre qu'un cœur fatigué d'avoir battu la charge, un peu sur tous les champs de bataille, qu'un désir superficiel, émoussé, qui ressemble à un feu prêt à s'éteindre, sans cesse, et en lequel il est nécessaire de jeter, à toute minute, de nouveaux fagots. Nous sommes des fagots, aux yeux de ces messieurs; lorsque nous sommes consumés, ils vont au bois en chercher d'autres. Pourquoi nous plaindre et pourquoi leur demander plus qu'ils ne peuvent donner? La vie—la vie mondaine—est ainsi et rien ne la changera. Dans ton cas particulier, tu dois te féliciter. Après huit mois de mariage, ton mari ne t'a pas rendue mère et tu restes libre, par conséquent.—Un enfant est un élément consolateur, pour la femme délaissée, dans le monde bourgeois. Mais, chez nous, il n'apporte, souvent, qu'une amertume de plus. On ne saurait prévoir ce que l'avenir réserve à une mondaine dédaignée par son mari. Or, quoi qu'elle fasse, quelqu'aventure dont elle soit l'héroïne, si elle n'a pas d'enfant, elle sera excusée. Un bambin, au contraire, lui vaudrait la sévérité, le contrôle des gens qu'elle fréquente, et ces gens la condamneraient, la mettraient à l'index si le plus léger incident venait rompre la monotonie de son existence. Je ne te souhaite ni te conseille cet incident, ma chérie, mais, enfin, s'il survenait, tu es indépendante et ton mari lui-même se réjouirait de te savoir dégagée de tout devoir envers un enfant—fille ou garçon—qui porterait son nom. Je n'ai pas eu d'enfant, et lorsque M. de Mercy m'a oubliée, je me suis bien trouvée de n'être pas mère; m'as-tu comprise?

J'ai compris, certes, le discours d'Yvonne, ou plutôt—car elle n'a pas voulu m'en dire davantage, aujourd'hui, et s'en est allée en coup de vent—je sens que ma vie d'innocence, si je puis ainsi m'exprimer, est finie; je sens que j'ai l'âme et tout l'être troublés, et il me semble que je quitte une demeure familière et paisible, pour entrer dans une maison inconnue et en laquelle, au bruit de chacun de mes pas, répond un écho mystérieux.

PSYCHOLOGIE DE LA FEMME TROMPÉE

Décidément, Yvonne est une gentille, une sincère amie. Depuis qu'elle sait ma situation de demi-veuve, elle ne m'abandonne pas et vient assidûment me voir. Ses visites m'ont consolée. Sans cette folle, en effet, je me serais certainement laissé prendre par un chagrin naïf et sot, tandis que me voilà sinon guérie de la blessure que m'a faite mon mari, du moins fort disposée à en être guérie.

Yvonne est une savante doctoresse et les amants heureux ou malheureux devraient bien la consulter.

Ce matin, nous avons fait ensemble une longue promenade, à cheval, dans le Bois, et nous avons bavardé.

Comme je lui disais que j'avais médité ses paroles et que j'étais résolue à accepter, paisiblement, ma situation de femme trompée, elle s'est mise à rire et s'est tournée vers moi.

—Ce ne sont pas mes paroles qui t'ont ainsi calmée, déclara-t-elle, qui t'ont ainsi amenée à ne point te révolter contre l'infidélité de ton mari. Si tu avais été une femme sentimentale, au lieu d'être ce que tu es—une nerveuse, une sensuelle, mes discours n'auraient guère servi à te rendre raisonnable.

—Quelle folie me contes-tu là?

—Je ne plaisante pas, ma mignonne.

—Cependant...

—Il n'y a pas de cependant. Tu es la femme que je dis et, si tu ne l'étais pas, tu n'agirais pas comme tu te promets d'agir.

Devant cette appréciation un peu vive, une confusion me saisit.— Yvonne vit mon attitude et reprit:

—Ne rougis pas, voyons; je ne te demande pas tes secrets intimes: d'abord, parce que je ne tiens pas à les connaître; ensuite, parce qu'ils ne doivent pas être, au point de vue spécial de la psychologie amoureuse, très curieux. En affirmant que tu es une nerveuse, une sensuelle, je n'ai pas voulu indiquer que tu as l'expérience, la pratique qui caractérisent les femmes nerveuses et sensuelles; j'ai simplement constaté qu'en te «faisant une conduite» semblable à la leur, tu te montres à moi comme une sensuelle instinctive. Si tu rencontres jamais un homme dont tu acceptes l'affection, si tu possèdes jamais un... ami, ce n'est pas lui qui me démentira.

—Explique-toi.

Yvonne s'assujettit un peu sur sa selle, ainsi qu'un professeur sur sa chaise; puis, elle continua:

—Une femme sentimentale, en amour, se reconnaît à l'absolutisme, à l'exclusivisme intérieurs qu'elle apporte en toutes choses, en ses paroles, comme en ses actions. Elle est sans fièvre apparente sous les baisers, elle est sans indulgente compréhension devant les petits accidents qui peuvent troubler son intimité.—Déçue dans la propriété du mari ou de l'amant, par exemple, trompée, comme c'est ton cas, elle demeure atterrée, elle ne parvient pas à concevoir nettement l'inconstance de celui qu'elle aime, elle ne peut s'habituer à cette idée qu'il ait été séduit par d'autres attraits que les siens, qu'il ait répondu à l'appel d'une bouche qui n'est pas la sienne. Elle ne s'indigne pas violemment; elle s'écroule toute, elle gémit, elle se traîne dans une désespérance, comme ces malades qui agonisent, lentement, en une langueur douce et délicieusement triste, parfois.—La femme sensuelle qui vit, en amour, beaucoup plus physiquement que moralement, dont tout l'être matériel appartient au désir, qui ne livre que très peu de cérébralité, d'âme si tu veux, à l'homme, au plaisir qu'elle en retire, plutôt, est moins exclusive dans sa pensée, dans ses actes. Si elle est naturellement jalouse de celui qu'elle aime et à qui elle se confie, elle admet très bien, dans un instinct qui découle de la franchise de ses impressions, qu'elle *pourrait* n'être pas seule à le rendre heureux, et s'il lui arrive d'être dédaignée, de traverser une crise d'abandon, elle éprouve du dépit sans doute, mais ses larmes sont vite séchées. La femme sentimentale ne voit pas la possibilité d'une rivalité d'amour en son existence, se refuse à deviner la séduction qui peut naître, contre elle, d'une autre femme. La femme nerveuse examine loyalement les choses et les êtres dont elle a le contact habituel. Elle a un regard intérieur—ce regard invisible des amoureuses de race—qui lui montre que telle femme la vaut, que telle femme est redoutable, et comme elle a la compréhension intime du désir, elle déplore sa défaite lorsqu'elle est trompée, mais elle ne hait réellement, ni celui qui la délaisse, ni celle qui passe, ainsi, dans sa vie.—Tu es cette femme, je le répète.

Les théories d'Yvonne sont intéressantes, mais elles me paraissent quelque peu fantaisistes.

Comme elle se taisait, je ne pus m'empêcher de protester contre ses paroles. Elle se redressa, au risque de faire cabrer son cheval, et me dit:

—Tu crois que je m'amuse à «paradoxer.» Soit. Réponds donc à mes questions: sincèrement, affirmerais-tu que tu hais ton mari, parce qu'il te trompe; que tu hais Rolande, parce qu'elle est sa maîtresse? Sincèrement aussi, nierais-tu que cette petite peste fût très jolie?

Je souris:

—Je n'éprouve, en effet, de haine véritable ni contre Jean, ni contre Rolande, et j'avoue que ma... rivale est charmante.

Yvonne, radieuse, s'écria:

—Tu vois, tu confirmes mon raisonnement. Ce qui le fait indiscutable, surtout, c'est que tu n'as pas fermé ta chambre à ton mari—je le parierais;—c'est encore que si, tout à l'heure, demain, il te regarde d'une certaine façon, tu oublieras son crime. Si tu t'en souviens, de ce crime, ce ne sera même, crois-le, que pour mieux aimer celui qui l'a commis. Il y a de ces incohérences apparentes en amour. Elles ne forment, en réalité, que les éléments du désir.

La science me manquait pour suivre Yvonne dans sa discussion, et je tentai de détourner l'entretien.

—Quoi qu'il en soit de toutes ces choses, fis-je, Jean n'est pas excusable de me tromper.

Yvonne eut un grand éclat de rire.

—Encore! Tu songes encore à trouver ou à ne pas trouver des excuses à la conduite de ton mari! Mais, ma chérie, mets-toi donc bien dans la tête que les actes d'un homme, en amour, n'ont aucune importance. Un homme marié, dans le monde, trompe nécessairement sa femme. L'homme qui a reçu une spéciale éducation, qui appartient, soit à un milieu mondain, soit à un milieu artistique, n'est pas responsable, à proprement parler, de ses entraînements passionnels. Il va à la femme, dans un mouvement inconscient, comme il va au restaurant lorsqu'il a faim. Sa main se tend vers nos jupes, fatalement, sans que nous puissions considérer son audace comme un outrage, sans que nous puissions lui garder rancune de cette audace, même lorsqu'elle est inspirée par une autre que par nous. L'homme qui ne donnerait pas sujet de plainte à sa femme, en amour, ma pauvre chérie, serait... manchot, et au diable soient les invalides!

—Fort bien, dis-je, c'est là une morale très commode et très amusante. Mais pourquoi ne profite-t-elle qu'à l'homme? Pourquoi la femme n'en bénéficierait-elle pas?

Yvonne me regarda et il me sembla qu'un étonnement, mêlé d'un peu de pitié, se dessinait sur son visage.

Elle murmura:

—La femme... la femme... oh, ma mignonne, comme tu es innocente!... La femme... mais elle en bénéficie autant que l'homme, de cette morale. Si elle ne récrimine pas devant les caprices du mari, je ne vois pas que le mari récrimine devant les siens.

—Quoi, tu penses que M. de Blérac, par exemple, apprenant que Rolande est la maîtresse de Jean...

—Ne dirait rien.

—Oh!

—C'est comme cela, conclut Yvonne.

Je ne répondis rien à cette affirmation. Nous prîmes un temps de galop et nous rentrâmes pour le déjeuner.

Jean m'attendait. Il fut aimable, et je mangeai comme une paysanne.

Ah, ça, est-ce que, vraiment, les discours de cette folle d'Yvonne seraient sérieux?

LE PÉCHÉ

Yvonne n'est pas seule, paraît-il, à posséder des opinions spéciales sur les choses d'amour, et cette après-midi, au thé de la vieille marquise d'Oboso, une Espagnole parisianisée, ces dames ont rivalisé de discours étranges à ce sujet.—Yvonne n'était pas la moins empressée à se faire remarquer par ses aperçus originaux, mais ce n'est pas elle qui a obtenu le prix d'éloquence. Le croirait-on? C'est la marquise qui a émis les avis les plus subversifs et qui nous a toutes «collées.»

Rolande était là; mais elle n'a rien dit. Je ne l'ai pas boudée et elle a semblé un peu étonnée de mon attitude indifférente. Je profite des leçons d'Yvonne.

Comme on était fatigué de médire des hommes, de les calomnier même, la toute blonde et toute mignonne Mme de Sorget s'est tout à coup écriée:

—Si nous parlions des femmes... Ça serait peut-être plus suggestif.

Et l'on a parlé des femmes, ou plutôt de la femme. Il y a une nuance, m'a-t-on assuré, entre ce pluriel qui généralise et ce singulier qui synthétise.

Je commence à penser que la femme ne devient intéressante qu'autant qu'elle s'émancipe, se pervertit, car on ne s'est entretenu, chez Mme d'Oboso, que des conditions en lesquelles elle est amenée à commettre des... irrégularités.

Ces conditions ont été classées, par la marquise, en quatre questions principales. Je les transcris, sur ce carnet, aussi exactement qu'il est en mon pouvoir.

1° La femme commet-elle le Péché en prenant un amant qu'elle aime et dont elle est aimée?

«—Je serai nette, a dit Mme d'Oboso avec une certaine onction dans la voix. Ecartant, tout d'abord, la qualité sociale de la femme, négligeant son état de fille, de veuve, ou d'épouse, l'envisageant simplement comme femme, je répondrai qu'elle ne commet aucunement une faute en se donnant à l'homme que son cœur ou que ses sens ont désiré.

«Je suis en désaccord, ici, avec ce qu'on appelle, un peu pompeusement, les conventions sociales, je le sais; mais je pense que les conventions sociales, faites, le plus souvent, d'injustes appréciations, d'égoïsme, d'hypocrisie, sont surtout appliquées à la femme dans l'exagération inique d'un rigorisme intéressé.

«Les conventions sociales ne veulent point admettre que la femme peut avoir les mêmes appétits physiques, les mêmes entraînements d'esprit et de chair qui, chez l'homme, sont regardés comme étant sans importance; et parce qu'elle porte, en elle, une maternité possible, elles la condamnent, elles l'enchaînent dans toute l'évolution de son existence.

«La morale ordinaire est établie sur une fausse vision des choses, et la femme qui, aimant, ose la braver en se livrant à l'homme qu'elle souhaite, à l'homme qui la fait irrésistiblement tressaillir en son âme comme en son sang, n'est pas coupable. Et elle n'est pas coupable parce qu'elle obéit à une impulsion plus puissante que sa volonté, que ses hésitations, que son instinctive pudeur, à une impulsion qui la rend inconsciente de l'acte qu'elle va accomplir.

«Un affamé à qui l'on présente un morceau de pain, se jette sur ce morceau de pain et le dévore, sans connaître son mouvement. Une femme amoureuse cède à la même influence mystérieuse qui s'impose aux êtres dans toute occasion extrême de la vie, en allant vers celui de qui elle attend la satisfaction de ses intimes joies.

«Je n'assure pas que ce que je viens de dire soit pour être agréable aux duègnes, aux jaloux et aux maris. Toute leur surveillance, toute leur autorité ne sauraient détruire le mécanisme de l'être humain. Un mari jaloux et trompé, d'ailleurs, m'a toujours paru ressembler à un aveugle qui, dans son regret de la lumière, voudrait que tous les hommes fussent privés de la vue.»

Il y eut de petits rires, parmi nous. Mais Mme d'Oboso posait la seconde question et l'on écouta.

2° La femme commet-elle le Péché en prenant un amant qu'elle n'aime pas, dans le seul souci de son intérêt?

La marquise se fit très sévère et c'est d'un ton indigné, presque, qu'elle formula cette déclaration:

«—La femme qui, n'aimant pas, devient la maîtresse d'un homme dans le but de tirer, de cet homme, un contentement d'intérêts matériels, est consciente de son action.

«Afin de s'attacher l'amant, elle doit lui offrir, sans cesse, la certitude d'une affection, d'une sympathie qu'elle n'éprouve pas.—Elle est obligatoirement hypocrite. Partant, coupable.

«Son cas est pareil à celui d'un commerçant qui vendrait une marchandise frelatée et qui abuserait ainsi de la confiance de l'acheteur.»

Toutes les têtes restèrent droites, tous les regards sans confusion, et nulle n'interrompit la marquise qui s'apprêtait à poursuivre son cours de psychologie amoureuse.

3° La femme commet-elle le Péché en prenant, à la fois, deux amants qu'elle aime différemment?

Un sourire malicieux éclaira la face ridée de notre vieille amie, et c'est avec un accent presque mystérieux qu'elle donna son avis:

«—La question est subtile et faite, encore, pour déranger l'ordre de la morale ordinaire.

«Une femme peut, sans pécher, aimer deux hommes à la fois, soit que, séparément, ils provoquent en elle des sensations et des sentiments qui la réjouissent, la font vivre de manières diverses et nécessaires à son tempérament, soit que réunis, en sa pensée, ils complètent, l'un par l'autre, son idéal et son désir.

«Elle ira vers ces deux hommes, alternativement, dans la même inconscience qui caractérise toute femme recherchant le baiser de l'amant unique, et elle pourra oublier son ami brun dans les bras de son ami blond, comme aussi elle pourra songer à son ami blond, en se livrant, sans illusion sur la présence réelle de la personne, aux caresses de son ami brun.

«Son plaisir même, alors, s'accroîtra de toute la somme de désir qui la porte vers l'un et vers l'autre; il sera plus complet. Dans la possession effective de l'un et dans le souvenir de l'autre, intimement rapprochés au moment suprême de l'abandon, elle goûtera l'ivresse absolue.»

Un peu de houle se produisit autour de la marquise qui l'apaisa d'un geste bénisseur et qui formula la quatrième et redoutable interrogation.

4° La femme commet-elle le Péché en se laissant aimer par une femme et en l'aimant?

Quelques joues devinrent très rouges, des «oh» pudiques se firent entendre, mais Mme d'Oboso continua sa démonstration et l'on fut tout oreilles.

«—Si l'on prenait, sur cette question, l'avis des Anciens, fit-elle, on répondrait négativement. Mais la société mondaine actuelle n'a pas la liberté de pensée des Anciens et l'amour de la femme pour la femme se présente à elle comme une monstruosité.

«Au risque, pourtant, de paraître ce que je ne suis pas—une dépravée— je dirai, avec ceux d'autrefois, que la femme qui aime une femme, ne me semble pas coupable.

«La femme a une vision toute particulière des choses et, dans l'amour qu'elle ressentira pour une femme, elle obéira tout autant à cette vision qu'à une perversion de son esprit ou de ses sens.

«L'aspect physique des choses—je répète ce mot—a une influence considérable sur la femme et une femme, dans sa grâce, dans sa beauté, dans le coquet agencement de sa mise, frappera le regard de l'une de ses pareilles avec plus d'intensité passionnelle, souvent, que l'homme le mieux bâti, le plus élégant. Gracieuse, jolie, coquette, elle se sentira attirée par ces attraits reproduits en sa compagne, comme son propre reflet, et l'aimera—c'est peut-être le cas le plus fréquent—comme une autre elle-même. Elle sera heureuse de retrouver en une femme ce qu'elle adore en elle, de se mirer en une femme ainsi qu'en un miroir et, dans la caresse qui la chatouillera à son contact, elle oubliera l'homme, elle éprouvera même l'effroi de sa possession un peu brutale, elle s'alanguira dans la maligne jouissance d'un rêve déguisé, d'une réalité à peine palpable.

«Il y a, ici, inconscience encore; il y a, ici, une force physique et psychique qui commande à la femme et qui la fait irresponsable de ses actes. Il ne peut donc y avoir Péché.»

S'étant ainsi exprimée, la marquise, sans prêter attention à des chuchotements qui couraient dans le salon, se reposa; puis, s'adressant à nous toutes, comme un professeur à ses élèves, elle a conclu par cette anecdote qui nous apparut, dans sa simplicité, ainsi qu'une fine et énigmatique ironie:

«—J'ai connu une dame, délicieuse vieille toute imprégnée de dix-huitième siècle, qui se montrait fort bienveillante aux amoureux et qui avait coutume de murmurer, en parlant du péché d'amour, sous quelque forme qu'il se présentât à elle:

«—C'est les deux tiers de la vie.

«Je reprendrai la phrase de la vieille et spirituelle femme et, la corrigeant un peu, je dirai:

«—C'est toute la vie.

«Nous compterons, plus tard, mes mignonnes, si je suis encore de ce monde, combien il se trouvera de femmes, parmi vous, qui me démentiront.»

J'ignore ce que, plus tard, je serai en mesure de confesser à la marquise. Mais ce que je sais bien, actuellement, c'est que je ne regrette pas d'être allée, aujourd'hui, chez Mme d'Oboso.

L'AMANT

Que dois-je penser de moi?—Au moment où je m'apprête à griffonner mes quelques lignes habituelles, j'hésite et me sens toute troublée.

Hélas!—pourquoi hélas, après tout?—les énervantes théories d'Yvonne, les opinions libérales de la vieille marquise d'Oboso sur le péché intime de la femme, ne m'ont pas trouvée indifférente, ont rencontré en moi une écouteuse docile et—comment avouer cela, même à mon papier?—me voilà classée, désormais, dans la catégorie de celles qui ont un masque, car, pour tout dire d'une phrase, d'une vilaine phrase qui sonne mal à l'oreille:—j'ai un amant.

Devant ces mots:—«J'ai un amant»—j'éprouve comme un sentiment de tristesse et de joie, en même temps. Et ce qui «corse» ma situation morale, c'est que je ne saurais franchement indiquer laquelle de ces deux choses me possède davantage. Il y a des minutes où il me semble que la terre se dérobe sous mes pieds, que tout tourne autour de moi, que je suis ivre; et, alors, je pleurerais volontiers. Il y a des instants où je me sens plus affermie dans l'existence, où j'ai la certitude qu'une force mystérieuse est entrée en moi; et, alors, je me laisserais délicieusement envahir par de l'exaltation. J'ai la fièvre sûrement, et je suis une malade.

Quoi qu'il en soit, un fait existe que j'ignorais hier, et j'en porte la responsabilité.

Mon... ami—l'autre mot, le vrai, ne me plaît pas, décidément—m'aime-t-il, et moi-même, pourrais-je déclarer que je l'aime? Ce sont là questions de psychologue.

Tout s'embrouille, en cette heure, en ma pensée, et je ne suis capable que de constatations très matérielles.

Il n'est ni beau, ni laid. C'est un assidu de tous les salons que je fréquente, et si je me souviens qu'il m'a fait une cour très sérieuse, une cour que j'ai acceptée pour passer le temps, mon Dieu, dans une intuition d'un danger aimable, sans doute, mais en dehors de toute intention de me donner à lui, en n'envisageant cette extrémité que comme très lointaine—si je me souviens, donc, qu'il m'a fait la cour, je ne saurais dire quels moyens il a employés pour s'emparer aussi rapidement, aussi complètement de moi.

Cette folle d'Yvonne prononcerait qu'il a eu la main prompte, tout simplement, et elle aurait peut-être raison.

Là, je crois, est le secret de sa victoire, en effet. Il n'est point, à coup sûr, un sentimental, et je le préfère ainsi, puisque je me suis mise dans le cas d'avoir des préférences.

Non, vraiment, je ne me sens aucun goût, quoique je sois à peine entrée dans la vie, quoique je n'aie, par conséquent, aucune opinion déterminée sur les choses mondaines, pour les fadaises, pour les élégies. Une impertinence loyale me va mieux qu'une audace hypocrite et me permet de prendre l'attitude qui me convient, d'être indulgente ou rebelle à l'attaque.

Dans la circonstance qui m'occupe, j'ai été indulgente, abominablement indulgente.

Car, enfin, si j'analyse mes sentiments, mes sensations plutôt, je ne puis m'empêcher de dresser devant moi quelques points d'interrogation auxquels je me vois forcée de répondre.

Me suis-je donnée par amour, par intérêt?—Non.—Par dépit, par vengeance, pour opposer à la trahison de mon mari une trahison?—Non.— Par curiosité?—Oui et non, dirais-je, si j'étais Normande. Je suis franche et je dis: oui, mais avec un correctif: un peu.—Sous l'influence d'un désir, d'une excitation nerveuse?—Oui, encore.

En somme, mon cas est pareil à celui de toute femme qui, dans le monde, a un amant.

Peu de femmes, n'en déplaise aux affirmations des romanciers, poétisent, dramatisent ou machiavélisent leurs liaisons. Peu de femmes éprouvent, dans le monde, un réel amour, une réelle passion pour un homme, s'il en est qui deviennent leur maîtresse par intérêt. Peu de femmes, encore, vont à l'amant, inspirées par le proverbe:—«Œil pour œil, dent pour dent.»— Une femme trompée par son mari n'a guère le désir d'exercer, contre lui, des représailles de certain ordre et n'obéit presque jamais à l'irritation d'un sentiment de dépit ou de jalousie. Son orgueil est à l'abri des infidélités du mari, par cela seul qu'elle *sait* qu'elle n'a qu'un signe à faire pour lui infliger la peine du talion. Cette vengeance est trop facile à la femme pour qu'elle lui reconnaisse beaucoup de prix.

Quant à l'amour, quant à la passion, une femme, dans le monde, y est rarement accessible. Sa vie, toute de pratiques et immédiates jouissances, l'éloigne du rêve, de la méditation, et le monsieur qui viendrait murmurer à son oreille de très jolies paroles, sans doute, mais des paroles qui seraient comme des oiseaux qui n'auraient pas d'ailes, l'ennuierait.

Reste l'abandon de la femme, par curiosité ou par sensualité.—Je crois que c'est le plus général.—Curieuse, la femme l'est, puisqu'on l'affirme assez banalement, d'ailleurs, et il ne lui est pas désagréable de délaisser un peu le catéchisme du bon Dieu, parfois, pour jeter un coup d'œil sur celui du diable. En outre, une femme, quelque résolue qu'elle soit à éviter un... accident, ne s'appartient plus dès l'heure où elle a permis à un homme d'exprimer devant elle, et pour elle, certaines pensées, certaines phrases. Ces phrases, ces pensées qu'elle écoute comme dans un jeu dont elle s'imagine être maîtresse, la troublent à son insu, la caressent davantage selon que l'atmosphère d'un salon est plus ou moins tiède, plus ou moins parfumée, et il arrive que les réalités qu'elles promettent, discrètement, l'attirent sans qu'elle ait bien conscience de leur puissance, de sa propre faiblesse. Elle agit, alors, dans un élan irréfléchi, un peu comme ces marcheurs qui, couverts de sueur et assoiffés, oublient devant un verre d'eau glacée que la mort va les frapper, s'ils le boivent, et l'avalent d'un trait.

Il en a été ainsi de moi, je dois le supposer. Je ne me rends pas exactement compte de la folie qui m'a entraînée. J'ai pris, évidemment, le verre qui m'était offert et je l'ai vidé d'un coup.

Ah, si mon mari, si Jean, pourtant, avait voulu!... Mais pourquoi des regrets? Yvonne ne dit-elle pas que bien sotte est celle qui s'attarde dans son isolement, et la vieille marquise d'Oboso n'affirme-t-elle pas que la femme n'est presque jamais coupable dans le don qu'elle fait d'elle-même?

La marquise puiserait en elle des trésors de logique pour prouver que je ne suis pas en faute et Yvonne trouverait que je deviens terriblement savante, en matière de philosophie amoureuse, si elles lisaient ces lignes.

Je me confesserai à Yvonne, d'ailleurs, avant qu'elle n'apprenne mon aventure par quelque excellente amie qui l'entourerait, certainement, de trop intéressants commentaires.

LE REFUS DE LA FEMME

Les thés de la vieille marquise d'Oboso deviennent décidément très intéressants, très suggestifs.

La conversation a été vive, chez elle, aujourd'hui, et un grand émoi agitait ces dames. Il faut avouer qu'il était justifié. Il n'était question, en effet, que de l'accident arrivé au petit vicomte d'Arnoux—un gentil et aimable garçon— qui vient de se tuer pour la «belle madame» de Sillé.

C'est toute une histoire.

Ce pauvre d'Arnoux aimait, paraît-il, la jolie baronne de Sillé et, lui ayant fait l'aveu de son affection, n'avait point trop mal été accueilli.

La baronne est une flirteuse enragée. Elle écouta, sans doute, les propos de M. d'Arnoux comme elle avait écouté ceux de beaucoup d'autres hommes; mais, dans le cas présent, elle se trouva en face d'un «entreprenant,» et elle se vit engagée, dit-on, plus qu'elle ne le voulait. On sait que Mme de Sillé n'a aucune liaison et se refuse à toute aventure trop réelle. C'est l'une de ces femmes qui se plaisent à jouer avec un homme ainsi qu'un chat avec une souris. Dès qu'elle comprit que l'amabilité des entretiens qu'elle accordait au petit vicomte ne le satisfaisait plus, semblait devoir être remplacée par des témoignages moins platoniques de sympathie, elle se déroba et ferma sa porte comme son cœur à son amoureux.

M. d'Arnoux, fou de passion, pria, pleura, menaça. Rien ne réussit à lui rendre favorable sa flirteuse.

—J'ai goûté du charme dans votre conversation, lui dit-elle, et je l'ai recherchée. Mais cela signifie-t-il que je vous aime, que je vous aie autorisé à m'aimer? Non.—Le mieux est de nous séparer, puisque notre rapprochement crée un tourment pour vous, un danger pour moi. Je ne vous aime pas, d'ailleurs, comme vous le souhaitez et, si je suis flattée de votre affection, je ne peux pas, dans le seul but de la récompenser, vous donner un espoir qui ne doit pas être.

Mme de Sillé a été très correcte, trop correcte même, puisque c'est de cette correction que le pauvre d'Arnoux est mort.

—Vous ne m'aimez pas et vous me repoussez, répliqua-t-il. Soit.—Mais avant d'oublier mon aveu, réfléchissez. Je vous aime, moi. Or, si vous persistez dans votre résolution de n'être jamais à moi, je vous jure que je me tuerai. Demain, je vous attendrai chez moi, vers trois heures après midi. Si, à quatre heures, je ne vous ai pas vue, vous pourrez commander une couronne pour mon enterrement. Ce sera toujours cela que j'emporterai de vous.

Mme de Sillé crut-elle à une menace puérile ou, tout en devinant la sincérité de ce discours, s'obstina-t-elle à ne point se livrer, malgré elle, à un homme qu'elle n'aimait pas?

Le même fait répond à ces deux questions: elle n'alla pas au rendez-vous du petit d'Arnoux, et le vicomte se tua—se logea, très proprement, une balle sous le sein gauche.

Tel est l'événement qui enfiévrait les imaginations, aujourd'hui, chez la marquise d'Oboso.

Des commentaires, des discussions étaient échangés à l'infini. Dans tout ce flux de paroles, j'ai recueilli deux avis qui me paraissent le plus dignes d'être rapportés.

D'aucunes—et parmi elles, très animées, la marquise et Rolande de Blérac—blâmaient la baronne de Sillé, la traitaient de cruelle, n'étaient pas éloignées de lui faire un procès et de la condamner sévèrement. D'après ces dames, Mme de Sillé n'aurait pas dû se dérober à la supplication du petit d'Arnoux, n'aurait pas dû permettre qu'il se tuât, et, s'étant assurée qu'il était sincère, n'aurait pas dû hésiter, même ne l'aimant pas, à se donner à lui. La marquise rappela même, à ce propos, le mot d'une femme d'esprit:—«*Cela* coûte si peu à la femme et fait tant de plaisir à l'homme.»

Si l'on s'en était tenu à l'opinion de Rolande et de Mme d'Oboso, Mme de Sillé était, désormais, disqualifiée comme femme, dans le monde, ainsi qu'un simple cheval de course qui révèle, aux amateurs, une tare.

On l'a défendue, heureusement. Mme de Sorget, Yvonne—Yvonne très en beauté—ont pris courageusement sa cause en main et ont plaidé, pour elle—non coupable.

—Madame de Sillé a bien agi, a déclaré Yvonne. Ce petit d'Arnoux n'était qu'un imbécile et qu'un goujat, n'en déplaise à sa mémoire. Comment, parce qu'une femme a bien voulu l'admettre dans son intimité, il en devient amoureux—ce qui est excusable—et il tente de lui faire violence dans ses sentiments, dans ses sensations, pour la posséder, alors qu'il sait qu'il n'en est pas aimé. C'est de la pure démence. Et madame de Sillé a bien agi, je le répète, en ne cédant pas à des menaces, en conservant son indépendance, la propriété d'elle-même.—Un homme comme M. d'Arnoux n'est qu'un vulgaire égoïste. Il ne voit, dans la femme, qu'un instrument de plaisir personnel et n'a rien d'un amant véritable. Peu lui importe qu'une femme pleure, souffre, s'humilie par lui, pourvu qu'il lui arrache la soumission qui le fera heureux, pourvu que toute la joie soit à lui et que tout le sacrifice appartienne à celle qu'il convoite. De pareils sentiments sont monstrueux, et la femme qui les excuserait ne serait qu'une sotte. Pourquoi la femme serait-elle la victime de l'homme, en amour? Pensez-vous que si Mme de Sillé avait aimé le petit d'Arnoux sans en être aimée, elle eût beaucoup obtenu de son dévoûment, en lui exposant sa peine? Le petit d'Arnoux aurait ri du «béguin de cette bonne baronne» et s'en serait allé vers des satisfactions qui l'eussent davantage contenté. On ne le condamnerait pas. Eh bien, je m'oppose à ce que l'on condamne madame de Sillé.—L'homme qui n'aime pas une femme se détourne d'elle, impitoyablement, et n'a aucun souci de ses larmes. Je demande qu'il soit admis, une fois pour toutes, que la femme qui n'aimera pas un homme ne s'émeuve que très relativement devant ses prières, ses menaces ou ses folies.—Sommes-nous donc des bêtes, et n'avons-nous pas la libre disposition de nous-mêmes?

L'opinion d'Yvonne a prévalu. J'avoue que j'en ai approuvé l'expression.

J'y ajouterai, cependant, un amendement: il me semble équitable que la femme, pour être tout à fait dans son droit, en se refusant à l'homme qu'elle n'aime pas et qui la veut, qui la menace, férocement égoïste, devrait lui témoigner une extrême réserve dans la cour qu'il lui offre, devrait éviter de provoquer son désir.

Mme de Sillé ayant beaucoup flirté avec le petit d'Arnoux n'aura-t-elle pas quelque remords?

LES ÉTAPES DE LA FEMME

Il semble qu'à Paris, la femme, en son existence, marche comme dans une prédestination, parcourt, ainsi que dans une suggestion, des étapes correspondant à chacun de ses états d'âme, ainsi qu'on dit aujourd'hui, pareille au petit soldat qu'une feuille de route arrête, ici et là—petit soldat aussi, enjuponné, allant à l'amour, très brave, comme l'autre, celui qui a des culottes rouges, va à la bataille; à l'amour, oui; que ce soit dans toute la virginité de son âme et de son corps, que ce soit dans tous les désirs de son cœur, dans toute l'initiation de ses sens.

A onze ans, communiante, en des voiles de fantôme, elle passe, le regard animé d'une flamme dont elle ne comprend pas la chaleur—vision charmeuse—sous les voûtes des temples; et dans le brouillard odorant que jette l'encens autour des autels, elle s'avance vers Jésus et lui fait offrande d'elle-même. Ses lèvres ont des murmures et des chants. Elle prie et, dans sa prière, glisse comme le frisson mystique d'un amour divin; elle gazouille un cantique et, à la mélodie douce et monotone qui fuit de sa bouche, se mêle comme un cri d'extatique attachement. Blanche d'âme et blanche de corps, dans sa robe blanche, elle frémit à l'approche de son Dieu et elle le reçoit comme dans une envolée parmi les anges, comme dans un sommeil, comme dans une langueur qui mettent, en elle, de la force et du bonheur.

Il est des femmes qui n'ont aimé qu'une fois dans leur vie: au jour de leur première communion.

En parure de mariée, au pied de ce même autel qui la vit radieuse, la femme ne retrouve plus les sensationnelles délices de sa prime jeunesse. Les orgues qui harmonisent, l'encens qui fume et monte, devant elle, troublant ses nerfs, et non plus sa seule âme, la grisent comme naguère; mais sa griserie est matérielle; mais sa méditation—si elle prie encore—va vers le Paradis terrestre, vers le Paradis où l'on apprend et où l'on commet le Péché; mais les fleurs qu'elle souhaite et dont l'odeur l'enivre, ne sont plus des lis: sa pensée effeuille des roses.

Si elle est de bonne maison, elle s'endormira le soir, placidement, et dans le silence de la chambre nuptiale, craintive, docile au sacrifice, auprès de l'époux; si elle est du peuple, elle oubliera l'écharpe de M. le maire ainsi que la bénédiction de M. le curé, dans un festin, en une guinguette, et dans un déhanchement de clodoches—souvenir des bals de mi-carême où elle fut reine, peut-être—elle mettra toutes les promesses de sa nuit de noces.

Elle sera, un jour, l'infidèle. L'ennui—ce valet sans gages au service de don Juan comme du plus simple imbécile—la prendra et l'amènera, tranquillement, souvent, non sans révolte parfois, vers l'Inconnu.

Elle aura des larmes, elle aura de la honte, après la faute; mais elle ne s'appartiendra plus.

Elle ira dans le mensonge, dans l'hypocrisie, exaltant ses actes, les excusant, en rejetant, avec raison souvent, toute la responsabilité sur son mari; ne songeant à rien de toutes ces choses même et, un beau matin, elle sortira de sa folie, abattue, isolée, comme meurtrie par une longue lutte, comme brisée par un dur voyage, n'ayant plus d'époux, n'ayant plus de nom—que celui de son baptême qu'elle livrera aux galants, amateurs de joies faciles.

Et ce sera la courtisane; c'est-à-dire le sphinx parisien, non point impassible comme l'autre—l'antique—celui dont le profil se découpe, morne, sur l'infini du désert; mais rieur, aux yeux accrocheurs et terribles, dont la lueur plonge au fond des goussets et des portefeuilles—le sphinx parisien accroupi dans l'étincellement féerique des lieux publics, des boulevards ou des boudoirs—légendaire toujours, pourtant, et posant à l'homme l'Enigme indéchiffrable de son cœur et de sa chair, sans craindre l'Œdipe qui violera son secret.

Si elle est intelligente, après s'être arrêtée rêveuse, quelquefois, devant les vitrines des papetiers pleines de photographies d'actrices, elle se dira que le théâtre n'est point inaccessible aux jolies femmes et elle forcera les portes de quelques coulisses où l'on rencontre plus d'épaules décolletées et de mollets dévêtus que de talents. Un soir, grâce à un couplet égrillard qu'elle aura obtenu d'un auteur et qu'elle lancera dans un mince filet de voix accompagné de gestes polissons, elle recevra un bouquet fait de fleurs qui parlent et dès lors elle dosera ses baisers.

Paris est un enfer et les femmes sont les démones qui le peuplent. Mais il est le ciel aussi—le ciel qui a des anges.

Là-bas—dans un jour triste sans cesse, s'élève l'hôpital et, dans son silence seulement rompu par les plaintes des malades et des mourants, passent, légères—comme des vapeurs mystiques—des silhouettes de femmes consolatrices et bonnes. Elles sont, elles aussi, tout amour, et leur cœur s'est donné aux souffrants. Elles sont restées les saintes, les pures qui, pour la première fois, enveloppées de voiles virginaux, communièrent jadis dans l'église populeuse ou dans la chapelle patricienne, et le jour qui vit tomber sur leurs lèvres l'hostie, y mit, pour jamais, la foi. Elles vont vers Dieu.

Il faut les vénérer, comme après tout il faut peut-être aimer celles que la vie a faites épouses, infidèles, courtisanes ou cabotines.

Tous les chemins mènent à Rome, dit un proverbe. Qui sait si tous les amours ne mènent pas à Dieu?...

LES DESSOUS

Depuis que j'ai une «liaison»—c'est le mot honnêtement consacré—je sais et j'apprends une foule de choses dont je n'avais pas la moindre idée, au temps où j'étais une pauvre petite femme résignée et fidèle, et sur lesquelles je me sens prête à «conférencier» avec presque autant de science qu'Yvonne.

Chez Mᵐᵉ de Sorget, hier, par exemple, on discourait sur les dessous de la femme, et le prince de Palan qui se trouvait là, et dont l'opinion fait loi en matière d'élégance ou de galanterie, a prononcé une phrase que j'ai retenue:

—On reconnaît, presqu'à coup sûr, a-t-il dit, qu'une femme a un amant, à l'inspection de ses dessous.

Dans un geste machinal, nous avons toutes, en riant, ramené nos jupes sur nos pieds, afin que le prince, qui est très indiscret, ne devinât point nos secrets. Un examen des dessous des femmes qui étaient là eût été, en vérité, un spectacle bien amusant, bien suggestif. Que de romans seraient sortis, peut-être, de nos froufrous—telle une légion d'enfants de la robe de la mère Gigogne.

Je crois que le prince de Palan, qui a une grande expérience du monde, pense juste: la femme qui a un amant doit se reconnaître aisément aux dessous qu'elle porte. Mariée et fidèle, la femme n'a qu'un relatif souci de sa mise intime, de son luxe invisible. Comme un mari-amant est rare, elle n'a point à intéresser son époux par des raffinements qu'il n'apprécierait pas, qu'il ne lui demande même pas.

L'attitude de la femme change totalement dès qu'elle a commis le Péché. Tout l'incite, alors, à se parer, intimement, comme dans l'extériorité de sa personne. Préoccupée d'être agréable aux regards de celui qu'elle aime, elle a des attentions délicieuses pour lui rendre plus engageante la route du désir ou du baiser, et comme lui-même daigne discuter avec elle le charme de tel ou tel chiffon, elle se l'attache d'autant plus, qu'elle lui réserve plus de surprises, qu'elle lui offre plus de difficultés à fixer son choix. Il y aurait un corollaire à ajouter au théorème d'amour qu'a formulé le prince de Palan:—le plus ou le moins de durée d'une liaison dépend du plus ou du moins de diversité, du plus ou du moins de science que la femme apporte dans ses dessous.

Les dessous de la femme exercent—c'est un fait indéniable—une influence considérable sur l'homme. Ils le tiennent en haleine, le rendent gai alors qu'il va être morose, lui donnent de l'appétit alors qu'il déclare n'avoir aucune faim.

Les courtisanes ont compris, les premières, toute la puissance que peuvent renfermer quelques dentelles et quelques morceaux de fine batiste ou de soie bien placés. La femme du monde, réfractaire tout d'abord à l'emploi de ces artifices, a été longue à les adopter. Il faut dire qu'elle en sait, maintenant, toute l'importance.

On ne saurait, vraiment, établir de règle quant aux dessous de la femme.—Ils doivent s'harmoniser avec son genre de beauté ou d'élégance, et c'est affaire à chacune d'entre nous de décider sur ce qui lui va le mieux.

Le bas—l'antique bas—a subi, en ces derniers temps, de rudes attaques. Quelques mondaines, en effet, ont tenté de le remplacer par la chaussette. Mais cette innovation n'a été acceptée qu'imparfaitement. La chaussette est terrible à porter, soit qu'elle laisse la jambe nue, soit qu'elle s'applique sur un maillot couleur chair. La jambe nue exige l'absence du pantalon, le maillot est fort incommode. Le bas a bénéficié de ces deux observations, et la plupart d'entre nous l'ont conservé. Il est une loi absolue, par exemple, qui s'impose à toute femme, qu'il s'agisse du bas ou de la chaussette: sa couleur doit être noire et il y aurait disqualification d'élégance, pour une mondaine, à couvrir sa jambe de quelqu'autre nuance.

A propos de bas, on a voulu supprimer la jarretière et le rattacher soit au pantalon, soit au corset, afin d'éviter la marque rosée qu'imprime la jarretière au-dessus du genoux. Je n'ai point admis cette mode. Je suis, en cette question, une retardataire et rien, à mon sens, ne rivalisera avec la jarretière, non seulement pour la commodité qu'en dépit de légers inconvénients elle présente, mais surtout pour le charme qu'elle crée. La jarretière est un des plus jolis atours de la femme et je ne sache pas d'objet aussi gracieux qu'une jambe bien faite coupée par ce mignon bibelot; je ne saurais lui comparer qu'un bras orné d'un précieux bracelet. Et puis, tant d'histoires d'amour sont nées de la jarretière qu'il serait dommage de la répudier. Elle est presqu'un symbole. Elle évoque une promesse souvent, et souvent aussi, une réalité. La marquise d'Oboso, quoique vieille, mais fidèle à son origine, l'orne d'un minuscule poignard. Yvonne la ferme à l'aide d'une petite clef d'or. Je n'en suis encore qu'à la simple et traditionnelle agrafe.

Le pantalon et la chemise doivent être, rigoureusement, assortis—de même couleur et de même étoffe.

Quelques femmes de la colonie américaine, principalement, ont inventé de se débarrasser de la chemise et de porter le corset sur la chair ou, au lieu de corset, une ceinture en peau de daim très souple, lacée dans le dos, moulant la poitrine, assez semblable à celle qu'employaient les Romaines, au temps où il y avait des Romaines. En ce cas, une petite jupe, qui se raccroche au corset ou à la ceinture, tombe sur le pantalon et donne l'illusion de la chemise.

Cette mode—c'est une mode, paraît-il—n'a été que peu appréciée. Elle déshabille trop vite la femme et ne plaît, si l'on en croit les confidences, que médiocrement aux hommes. Il y a de la brutalité dans cette façon de s'alléger d'un vêtement si peu gênant et si plein de grâces mystérieuses, si prenant dans sa souplesse, si amoureusement réservé dans ses volontaires révélations.

Voilà un cours de lingerie qui effraierait bien des ménagères, d'honnêtes ménagères!

Dans sa complication raffinée, il donne raison au prince de Palan. La femme qui le connaît et qui s'en inspire, dans l'arrangement intime de sa parure, a des motifs sérieux pour ne pas le dédaigner. Il donne raison au philosophe, aussi, qui pleure sur la mort de l'amour naïf et qui s'en va, vantant le goût simple du bon roi Henri qui détestait qu'une femme versât même, sur ses cheveux, la plus petite goutte de parfum.

Le naturel, en amour et en tout, n'est pas haïssable, certes. Cependant, je lui préfère l'arrangement des choses et je crois que si j'étais homme, je voudrais, à un gentil paysage, un cadre qui le mît, habilement, en relief.

CHEZ LES EXOTIQUES

Je suis allée parmi les Exotiques, à une garden-party qu'offraient, au grand et au petit faubourgs, les Johnson, des Américains perchés tout en haut du quartier de l'Etoile et qui rendent des sons métalliques—des sons d'or—en marchant. Je me suis fait longtemps prier avant de paraître dans une maison américaine; mais Yvonne m'ayant dit que «ces gens-là» sont très aimables, nous valent bien puisqu'ils sont plus riches que nous, que je faisais la bête, j'ai consenti à m'encanailler et, d'un bond, j'ai sauté par-dessus l'Atlantique.

Je me suis fort amusée chez les Johnson qui m'ont accueillie avec des transports de joie et qui, en effet, m'ont semblé être de très charmantes gens. Il y a là, un père, une mère, et une fille. On raconte que M. Johnson a fait sa fortune dans l'élevage des bœufs. Pour un ancien bouvier, il n'est pas trop mal tourné et si sa fille n'affectait de traiter les hommes comme son père traita, jadis, ses bêtes à cornes, tout serait au point chez eux, car Mᵐᵉ Johnson est bien la plus jolie, la plus délicieuse femme qu'on puisse voir.

Henner l'a peinte. Le portrait est exposé, en permanence, avec des arrangements de cadre, d'étoffes, de lumière, dans l'un des salons de l'hôtel et c'est une politesse à faire au couple américain que de défiler devant la toile, lorsqu'on va chez lui. Mᵐᵉ Johnson est brune, naturellement, assure-t-on. Mais pour se conformer à la manière d'Henner qui ne peint que des cheveux roux, elle est devenue rousse. Cette nuance lui allant bien, les grincheux n'ont qu'à se taire.

Mᵐᵉ Johnson est au mieux avec l'ex-reine des Antilles—une excellente femme que les Parisiens ont adoptée—et l'on cite d'elle, au sujet de cette liaison, des faits prodigieux de faste et de générosité. Il en est un, entr'autres, qui vaut la peine d'être mentionné. Un jour, la reine des Antilles se trouvant obérée, eut recours à l'obligeante richesse de son amie. Il lui fallait, au plus tôt, la modique somme de deux millions et elle paraissait aux abois. Mᵐᵉ Johnson la tira d'embarras et lui présenta les deux millions avec un cérémonial peu ordinaire. Elle se procura cette fortune, en or fraîchement frappé; puis elle invita la reine à la venir voir. Lorsque Sa Majesté fut chez elle, une porte s'ouvrit et quatre grands diables de laquais portant un immense plateau, sur lequel étaient les deux millions, s'avancèrent.

La reine, sans montrer d'étonnement, regarda ce tas d'or, sourit et dit:

—C'est zôli, oh, c'est bienne zôli.

Puis elle reprit la conversation interrompue, comme si aucun incident n'avait eu lieu.

Mme Johnson, un peu dépitée, affirme-t-on, par l'indifférence royale, ne renouvela plus jamais ce genre... d'intimidation envers ses connaissances. Elle leur rend service, maintenant, sans ostentation. Elle a compris que Paris n'est pas Chicago.

Mme Johnson s'est vite parisianisée, d'ailleurs, si l'on en croit les mauvaises langues. Elle flirte, activement, avec le comte de Palerme, un prince de la Maison de Bourbon, et l'on murmure très bas qu'elle est, avec lui, du dernier mieux. Il est un fait certain: le comte de Palerme vivotait, n'avait pas le sou, avant de connaître les Johnson. Il a, aujourd'hui, un train luxueux et des voitures sur les panneaux desquelles les fleurs de lys, resplendissantes d'or, s'étalent victorieusement.

Ces Américains qui s'établissent chez nous, sont bien curieux à observer. Dans leur pays, ils professent le mépris des classes privilégiées et lorsqu'ils «passent l'eau,» ils ne recherchent que la société des aristocrates. Si leurs femmes prennent un amant, on peut être assuré que cet amant sera noble, comte, marquis, duc ou prince. Si leurs filles se marient, on peut gager qu'elles achèteront un nom et un titre, sans trop se préoccuper de celui qui les leur livrera.

Mlle Johnson flirte, actuellement, avec le petit prince de Civita-Vecchia, qui, ruiné, usé par la vie de cabaret et de coulisses, ne serait pas fâché de se reposer sur un lit dont les matelas seraient bourrés de bank-notes.

Une société toute particulière que la reine des Antilles présidait, était réunie chez les Johnson.

A côté des gens que j'ai coutume de rencontrer, tout un monde nouveau pour moi a éveillé mon attention.

Pendant que le duc de Blérac, qui avait apporté son tambour, régalait de batteries féroces les invités des Johnson, pendant que mon mari, qui ne se gêne plus, pilotait Rolande, Yvonne m'indiquait du doigt les personnes qui m'étaient inconnues.

Des galantins, des chercheuses d'aventures ont ainsi défilé, devant moi, au gré du caprice de mon amie; mais je n'ai réellement été intéressée que par la venue du célèbre poète, Georges Navarre, qu'une foule de femmes ont, aussitôt accaparé.

M. Georges Navarre est—chacun sait ça—le conteur, le poète à la mode, et ces dames manqueraient à tous leurs devoirs, paraît-il, si elles ne se confessaient pas à lui, si elles ne lui soumettaient pas les cas de conscience qui les embarrassent. M. Georges Navarre fait concurrence à l'abbé traditionnel qui, n'étant plus «dans le train,» est délaissé et, n'ayant plus rien à faire, se tourne les pouces. Nul ne sait, affirme Yvonne, comme M. Georges

Navarre, discourir sur l'amour qui n'a aucun secret pour lui et à qui il reporte toutes ses pensées. L'amour et toutes les questions qu'il soulève, sont le monopole de cet écrivain qui n'a point son pareil pour nous dire les causes qui amènent un baiser sur les lèvres d'une femme et celles qui emplissent de larmes ses yeux.

Je ne suis pas, certes, une savante comme M. Georges Navarre; mais je crois qu'il se donne bien du mal pour expliquer des choses très simples. A mon humble avis, une femme n'a point tant d'inquiétudes intellectuelles qu'il le déclare lorsqu'elle se donne à un homme. Si elle prend un baiser, c'est tout bêtement parce qu'elle a envie d'un baiser. C'est là une vérité de La Palice; mais M. de La Palice serait presque réhabilité par toutes les chinoiseries amoureuses qui nous viennent des romanciers ou des poètes.

Lorsque M. Georges Navarre est passé près de moi, il causait doucement avec la «belle madame» de Sillé. Lui faisait-elle le récit de son aventure, de son refus d'être au petit vicomte d'Arnoux et du drame qui a suivi ce refus?—Elle portait, en vérité, fort bien le suicide du pauvre garçon et, dans sa robe lilas— un demi-deuil, s'il vous plaît—elle ne manquait pas d'être intéressante.

A propos de M. Georges Navarre, Yvonne a eu une phrase assez piquante.

—Certains auteurs, a-t-elle dit, ne parlent que de l'amour et ce mot tombe de leur bouche plus de mille fois chaque jour. On pourrait, les jugeant sur leurs discours, supposer qu'ils sont des amants magnifiques. Eh bien, je parierais qu'un tel homme n'a jamais connu intimement une de toutes ces femmes dont il reçoit les confidences. Vois-tu, ma mignonne, en amour c'est, souvent, comme en religion: ceux qui parlent le plus du bon Dieu, ne sont pas ceux qui le servent le mieux.

J'étais un peu lasse en sortant de chez les Johnson. J'y retournerai, car on s'y distrait, positivement. Mon mari, qui avait rendu Rolande au duc, son noble époux, est venu nous prendre, Yvonne et moi, et nous a conduites au cabaret, pour y dîner.

Que signifie tant d'amabilité?—Elle arrive un peu tard, car c'est le merle, maintenant, qui siffle entre Jean et moi. Et il siffle bien, le merle, j'en réponds.

PSYCHOLOGIE DU MARI ET DE L'AMANT

Depuis que j'ai un... ami, je voulais me confesser à Yvonne et je remettais de jour en jour, mon aveu.

Je lui ai dit, enfin, mon «accident» et contrairement à ce que je redoutais, elle n'a pas ri. Elle s'est faite très grave et, après quelques secondes de réflexion, m'a interrogée.

—Jean, ton mari, ne sait rien?

—Pourquoi saurait-il, puisque toi-même tu ignorais?

—C'est vrai: les maris sont les derniers avertis en ce genre d'information.—Es-tu heureuse, au moins?

—Très heureuse.

—Et tu as quelque chance de garder ton bonheur, M. de Nailes étant célibataire. Lorsqu'il se mariera, par exemple...

—Eh bien?

—Tu pleureras, ma mignonne.

—Pourquoi?—Lorsque M. de Nailes se mariera, il pensera moins à moi et je ne penserai plus à lui, voilà tout, en admettant que son mariage entraîne, nécessairement, un changement dans nos relations, ce qui n'est pas certain. Dans tous les cas, ce mariage ne saurait effacer notre passé; et les heures que nous aurons vécues ensemble seront toujours aimables, dans mon souvenir.

—Comme tu dis cela!

—Comme je le sens.

—Oh!

—C'est exact. Ma petite Yvonne, c'est toi qui, d'ordinaire, m'enseignes un tas de choses sur l'amour. Veux-tu que, pour une fois, ce soit moi qui te communique quelques impressions?

—Je suis tout oreilles.

—Je ne t'apprendrai rien, sûrement, mais je te donnerai peut-être une meilleure opinion de moi, car, je le vois, tu me crois toujours un peu... enfant.

—Parle et, si tu le mérites, je te ferai des excuses.

—Donc, j'ai un... amant, et depuis que j'ai un amant, je suis heureuse. Voilà le fait brutal.—Je ne m'attarderai pas à analyser le pourquoi de ma joie. Il en est qui discourraient, sur ce sujet, pendant des heures. Je pense que les choses d'amour sont beaucoup plus simples qu'on ne se les imagine, généralement. Je suis heureuse pour deux causes principales: parce qu'en devenant la maîtresse de M. de Nailes, j'ai mis de la diversité dans ma vie et parce que l'intimité que j'ai trouvée avec lui, n'est pas la même que celle que m'offrait mon mari.—Toute femme qui, ayant un amant, recherche la genèse de son contentement en dehors de ces deux causes—toute question d'intérêt étant écartée—travestit ses sentiments ou ses sensations sous l'éclat de mots plus ou moins magiques, et invoquant la fougue de la passion ou l'irrésistible élan de l'âme, se ment à soi-même, tente de s'exciter dans la superficialité de sa conduite, est pareille à un ivrogne qui se griserait de pensées ou de paroles, avant de boire, pour se donner le courage de l'ivresse réelle. Une femme est heureuse lorsqu'elle a un amant, parce que le fait simple d'avoir cet amant, la distrait—tel un enfant à qui l'on présente un jouet qui lui est inconnu. Une femme, encore, est heureuse dans l'intimité qu'elle tient de son amant, parce que cette intimité fait naître, en elle, des sensations qui lui paraissent délicieuses auprès des banales tendresses du mari, de l'habituel et tranquille «bonsoir» qu'il lui jette, lorsqu'il le lui jette.—Tout l'amour est là—du moins l'amour tel que la femme du monde peut le ressentir.—Les langueurs, les désespoirs, les excentricités, les suicides qu'il provoque, certainement, appartiennent aux femmes des classes inférieures et ne sauraient, dans cette discussion, être considérés comme intéressants.—Il est une phrase, un peu vulgaire, que j'hésite à prononcer et, cependant, elle résume trop l'intimité passionnelle de la femme, dans une liaison irrégulière, pour que je la taise:— «Une femme est heureuse avec l'amant, parce qu'avec lui, *ce n'est pas la même chose qu'avec le mari.*»—Vois-tu, ma petite Yvonne, les maris sont de grands sots. Ils prennent des maîtresses, sous le prétexte que leurs femmes ne leur procurent aucune des joies qui leur sont nécessaires ou familières—en souvenir de leurs années de célibat—alors que, tout simplement, ce sont eux qui ne savent ou qui ne veulent pas demander à leurs femmes ce qu'ils ramassent chez les filles, ce qu'ils implorent de leurs amies mondaines ou ce qu'ils créent en elles.—Une jeune femme mariée qui se livre à un autre homme que son mari, est, le plus souvent, une innocente dans le plaisir et ne connaît bien l'amour que dans la pratique de l'adultère. Nous ne devenons des amoureuses, en vérité, qu'en dehors du mariage et de ceux qui auraient dû comprendre, pourtant, qu'ils pouvaient faire de nous, des amoureuses. Le mari se gante, se cravate de blanc pour aimer sa femme; l'amant se met en bras de chemise pour chérir sa maîtresse. Nous préférons le sans-gêne de l'amant. Les maris sont de grands sots, je le répète. Ils nous possèdent solennellement, ils nous respectent en des heures où nous n'avons que faire de déférence et ils donnent, à leurs baisers, l'allure édifiante du devoir accompli. Ils nous veulent soumises à la continuation de leur race et réfractaires à toute curiosité, à tout émoi. Nous ne sommes pas leurs amies, leurs compagnes, dans le sens absolu des mots; nous ne sommes, pour eux, qu'un peu plus que leurs bêtes d'écurie ou de haras; nous ayant placées en des box, ils ne nous en feraient, volontiers, sortir que tous les neuf mois, pour nous imposer une nouvelle expérience de fille ou de garçon, après notre mise au vert.—L'amant agit tout différemment. Sa pensée est la nôtre, sa science est la nôtre et s'il ne nous respecte en aucun moment, il nous adore en toute heure, ce qui vaut mieux. Nous trouvons en lui, et avec lui, une sensation de vie libre, affranchie de toute convention, de toute contrainte, et nous sommes, dans ses bras, comme des oiseaux qui se sentiraient pousser les ailes.—Dans l'attitude du mari, que d'illogisme, aussi!—Le même homme qui s'éloigne de sa femme, parce qu'il lui refuse l'initiation suprême, s'en ira vers une amie, également mariée, de cette femme et chantera avec elle, sans réserve, toute la gamme de l'amour. Et, dans son incohérence, il ne songera même pas qu'un de ses amis, à lui, pourra bien entonner avec celle qu'il dédaigne, le duo qu'il murmure avec sa maîtresse; il ne songera même pas que sa maîtresse, avant de recevoir et de goûter ses leçons, était pareille à sa femme et que sa femme deviendra fatalement pareille à sa maîtresse.—Il est des maris qui n'ont aimé leurs femmes qu'après la crise de l'amant. Ils auraient eu plus de profit à les aimer dans la crise du mariage. Mais tout vient à point à qui sait attendre, sans se fâcher, dit le proverbe, et il me semble que nos maris s'en appliquent les conséquences avec quelque naïveté.

Yvonne m'a écoutée attentivement. Lorsque j'eus terminé ma démonstration, elle se leva, battit des mains et m'embrassa.

—Bravo, ma mignonne, s'écria-t-elle. Tu n'es plus tout à fait une enfant, je le reconnais, et tu dois être, pour M. de Nailes, une divine amie.

J'ai souri; car j'ai pensé que Rolande, aussi, doit être une «divine amie,» pour Jean, et qu'il eût été si simple d'être ce que nous sommes toutes deux, en restant chacune chez soi.

LES CARESSES

Je suis allée, aujourd'hui, à la campagne, avec Yvonne et, naturellement, selon notre habitude, nous avons beaucoup bavardé.

Ma longue et dernière dissertation sur les divers genres d'intimité qui existent entre la femme, le mari ou l'amant—dissertation qui pouvait paraître, entre parenthèses, comme une atténuation cherchée à ma situation personnelle—m'a semblé avoir extrêmement préoccupé mon amie et elle me l'a rappelée, moitié riante, moitié sérieuse, en y ajoutant des commentaires ou, plutôt, une sorte de conférence qui m'a fort intéressée.

Nous étions à Saint-Germain, dans la forêt. Il faisait beau et bon. Yvonne s'est assise sur la mousse, à l'ombre des grands arbres, et m'a tout à coup interpellée.

—Sais-tu bien, ma mignonne, que sans t'en douter, l'autre fois, tu as soulevé une question terrible—l'une des plus terribles questions qui enfièvrent les amants.

—Vraiment, j'ai, tant que cela, été audacieuse?

—Oui; mais tu es excusable, car tu as fait de l'amour, je le crois, comme M. Jourdain faisait de la prose—sans le savoir.

—Allons, dis-moi vite quelle énormité j'ai commise.

—Tu n'as commis aucune énormité. Tu as, simplement et très gentiment, effleuré ce sujet qui déconcerte tant de graves philosophes, tant d'aimables aventuriers aussi: les caresses.

—C'est possible; ne t'es-tu pas aperçue que je ne suis plus tout à fait une ignorante?

Yvonne ne m'a pas répondu. Elle se prit à réfléchir et quand elle reparla, on eût dit qu'elle discourait autant pour elle-même que pour moi.

—Quelles divines choses que les caresses, fit-elle, et comme je t'écoutais avec plaisir lorsque tu en évoquais, récemment, la réalisation, la possession. Les caresses sont, à l'amour—et j'entends strictement, par l'amour, l'acte brutal qui le caractérise fatalement—ce que de jolies dentelles sont à la chair d'une femme. Elles sont comme les froufrous, comme les chiffons précieux de l'amour et quelle que soit leur nature, quelle que soit leur insuffisance même, elles sont délicieuses toujours. Elles ont une psychologie spéciale; elles renferment une délicatesse infinie, même lorsqu'elles se font très matérielles. Comme toutes les choses subtiles et de prix, elles exigent de celui qui les offre un doigté, une habileté parfaits, et autant elles sont capables de rendre agréable l'homme qui les prodigue, autant elles deviennent susceptibles de le

rendre odieux ou ridicule, s'il manque aux promesses dont il les charge.—
Les caresses doivent être complètes, en effet, doivent être comme des jalons
jetés sur une route et menant à un but déterminé. Si le dernier jalon fait défaut
pour atteindre ce but, la femme ne pardonne point à celui qui lui inflige ainsi
une déception imprévue; elle le méprise autant qu'elle l'a aimé, ou bien elle le
raille autant qu'elle l'a ennobli.—De toutes façons, elle s'éloigne de lui, dans
sa désillusion, avec le même empressement qu'elle a apporté à rechercher son
contact.—La femme, qui veut l'absolu, dans son désir, vit, cependant,
presque exclusivement, durant le temps d'un amour, par les caresses. Elles
entrent en tous ses sens, elles partent de ses cinq sens, dans un mouvement
de va-et-vient qui réjouit son être.—L'œil, l'oreille, la main, la bouche et
jusqu'au nez—ce malheureux nez tant bafoué—prennent et donnent leurs
caresses particulières et nul ne saurait dire de quelles sources coulent les
meilleures.—Tu as flirté, tu as aimé, ma mignonne, et tu as dû observer,
même involontairement, combien nos cinq sens se développent dans les
différentes phases de ce qu'on appelle, dévotieusement, le Péché.
L'observation que je t'indique est aisée pour nous autres, femmes du monde,
car chez nous, l'amour se présente et finit à peu près, avec tous et toutes, de
même manière.—C'est la cour ou le flirt d'abord; le simple contact, c'est-à-
dire les rapprochements discrets, ensuite; puis, viennent les frôlements plus
directs, plus accentués—ce que je nommerais les attouchements, si ce mot
n'était, d'habitude, trop vilainement interprété; enfin, c'est la possession.—
Or, si les caresses qu'échangent un homme et une femme, dans le flirt, dans
le simple contact, dans les rencontres discrètes, dans les frôlements, sont,
dans le monde, pour tous ceux et pour toutes celles qui les offrent et les
acceptent, les mêmes, elles diffèrent essentiellement dans l'intimité complète.
Et c'est dans l'intimité complète que se révèlent seulement les vrais amoureux
et les vraies amoureuses.—L'intimité absolue ne commence pas, comme tant
de gens le pensent, qu'au moment où les amants tombent aux bras l'un de
l'autre. Elle naît quelques jours, quelques heures avant ce moment, et c'est
alors qu'un homme réellement digne des espérances qu'il a provoquées, doit
se montrer adroit et savant.—Tu disais, fort justement, dernièrement, que les
maris sont des sots parce qu'ils ne savent ou ne veulent pas jouer auprès de
leurs femmes, le rôle des amants. Tu avais raison. Les maris sont pareils à des
chasseurs qui, après avoir battu la plaine, se mettent à table et dévorent
goulûment les mets qu'on leur sert, sans s'inquiéter de savoir si ceux qui les
entourent peuvent les suivre, dans cette course à la fourchette, avec le même
appétit. Les amants, au contraire des maris, sont ainsi que des convives
délicats qui comprennent qu'il est amusant et utile de s'attarder aux hors-
d'œuvre, de donner un coup de dent ici, un coup de dent là, et qui permettent
à leurs voisins de s'être entraînés à bien manger lorsque le rôti sera présenté.
Les amants savent qu'il est des caresses d'avant, de pendant et d'après la
possession. Ils savent que nulles d'elles ne doivent être imitées des autres, que

le baiser d'avant ne doit pas être le baiser de pendant et le baiser d'après. Pour continuer ma comparaison culinaire, ils font ainsi que des mangeurs raffinés qui ont un coup de fourchette différent pour chaque partie du repas.—Les caresses ne doivent pas être, cependant, assez étrangères les unes aux autres, dans leur nature, dans leur expression, pour que la femme soit amenée à désirer plutôt celles-ci que celles-là. Un amant qui, tout en étant très savant, ne saurait point empêcher ce choix des caresses par sa maîtresse, serait un amant maladroit. La femme doit être aussi heureuse dans les préliminaires de la possession que dans la possession même, qu'après la possession. Elle doit souhaiter autant la minute sur laquelle se pose son rêve naissant, que le moment où ce rêve s'accomplit, que l'heure en laquelle il s'efface. Et il est nécessaire que, se retrouvant satisfaite devant celui qui l'aime, elle s'en revienne vers son extase en l'envisageant avec autant de fièvre en son début qu'en sa fin, ainsi qu'un renouveau plein d'espoirs sans cesse, ainsi qu'un plaisir non encore goûté.—Il est deux choses que la femme doit rechercher, comme un inconnu toujours captivant: la joie d'être mère, oublieuse des douleurs d'un premier enfantement; la joie d'être une amoureuse, sans la crainte de la satiété.—Tels sont ce que je pourrais qualifier, sans trop de moquerie, les commandements de l'amour.—Tous les amoureux ne les appliquent point de même façon, mais tous s'y conforment.—C'est ce qui les fait dangereux pour les maris trop peu versés dans la connaissance de la femme en général, de leurs femmes en particulier. C'est ce qui explique, aussi, la durée de certaines liaisons. Nous sommes, un peu, comme des reines qui auraient, pour les amuser, de gentils pages diseurs de beaux sonnets, et nous tenons à nos pages.

Yvonne ayant terminé sa conférence sur les caresses, se leva et nous sortîmes de la forêt.

Je ne sais si M. de Nailes, mon ami, serait flatté d'être comparé à un page; mais ce que je puis affirmer, c'est qu'il sait, à merveille, selon la métaphore d'Yvonne, dire de beaux sonnets.

UN CAS PATHOLOGIQUE

J'ai rencontré, cette après-midi, chez la vieille marquise d'Oboso, une femme dont la réputation est étrange. C'est une divorcée—la marquise n'est pas collet-monté et admet, volontiers, du bric-à-brac mondain chez elle—dont l'ex-mari ne parle qu'avec mystère, qu'avec une sorte d'effroi, paraît-il.—Les hommes disent d'elle:—«C'est un cas pathologique,»—et ils la fuient. Elle n'est pas restée longtemps chez Mme d'Oboso et, après son départ, elle a fait—elle peut s'en vanter—les frais de la conversation. Ce que j'ai appris d'elle, alors, m'a singulièrement intéressée.

Mariée au comte d'Inguerland—un grand seigneur et un bon enfant—elle semblait fort heureuse en ménage lorsque, soudain, elle a quitté le domicile conjugal et s'est séparée, irrémédiablement, de son compagnon.

Comme cet événement, que rien ne faisait prévoir, a étonné, on en a cherché les causes et les gens bien informés affirment que ces causes sont d'un ordre tout intime.

Mme d'Inguerland qui, actuellement, a à peine vingt-cinq ans, fut, chuchote-t-on, la femme de son mari durant les premiers mois de son union, mais cessa de l'être pendant les deux années qu'ils demeurèrent auprès l'un de l'autre et qui précédèrent la crise suprême du divorce.

Pourquoi cette séparation, pourquoi cette rupture?—L'aventure est piquante et digne d'être enregistrée.

La comtesse qui aimait son mari avec son corps comme avec son âme, et qui en était aimée pareillement, s'avisa un beau soir, raconte-t-on, de lui reprendre la moitié de ce qu'elle lui donnait habituellement, de se refuser physiquement à lui, de ne l'aimer et de n'en être aimée que moralement.

Elle ne lui permit plus de lui offrir que des tendresses... parlées, elle mit une barrière entre sa personne et la sienne et se complut dans une extase platonique qui, pour être originale, ne laissait pas que d'inquiéter M. d'Inguerland. Croyant, tout d'abord, à une fantaisie passagère, à un jeu malicieux et excitant de sa jeune femme, le comte tenta d'accepter, de gracieuse humeur, le caprice qui lui était imposé et s'égaya même de la bizarrerie de ce caprice. Mais lorsqu'il s'aperçut que ce qu'il considérait comme une gaminerie, avait le caractère d'une résolution sérieuse et réfléchie, il se révolta et voulut ressaisir les joies dont on l'avait privé.—Hélas, il se heurta à une obstination, à une répugnance qu'il ne pouvait comprendre, et comme il demandait des explications à sa femme, au sujet de son attitude, elle lui fit cette réponse:

—Je vous aime autant aujourd'hui qu'hier. Mais comme je n'éprouve aucune satisfaction dans l'acte charnel de l'amour, j'ai décidé de ne plus m'y soumettre. Dans l'obéissance que je vous ai témoignée jusqu'à présent, il y avait un peu de curiosité et beaucoup d'espérance. Je voulais connaître cette chose pour laquelle tant de femmes brisent leur existence et je pensais qu'il me viendrait d'elle le bonheur qui les enchante. Mes sens sont restés muets. En revanche, mon âme a ressenti quelque émoi lorsque vos lèvres, maintes fois, ont prononcé de tendres paroles. J'ai conclu, de cette impression toute intellectuelle, que l'amour vit autant par les choses du cœur que par celles de la chair, et c'est vers les premières que, désormais, je veux me porter tout entière.

En écoutant ce discours, M. d'Inguerland fit la grimace; comme il était galant, il évita de violenter sa femme dans les sentiments nouveaux et étranges qu'elle exprimait et il attendit, patiemment, qu'elle changeât d'opinion sur les fins dernières de l'amour. Mais la comtesse fut inébranlable dans sa résolution et une séparation résulta de la division intime qui existait entre elle et son mari.

Cette histoire devient stupéfiante, en vérité, lorsqu'on affirme que Mme d'Inguerland aimait réellement le comte et qu'elle a préféré s'éloigner de lui, plutôt que de subir, docilement, et sans lui révéler l'état exact de sa pensée, ses caresses. On peut, on doit admettre que, ne trouvant aucun plaisir dans l'abandon suprême, elle n'ait point été très friande des obligations qu'il entraîne. Mais est-elle excusable d'avoir mutilé l'existence de celui qu'elle prétendait chérir—à sa manière—en refusant, impitoyablement, d'entretenir son illusion?—Combien de femmes—elles sont rares, mais elles sont—ne goûtent aucun contentement dans les bras d'un époux ou d'un amant même, et se prêtent à ses désirs parce qu'elles savent que l'homme n'aime, absolument, que dans la possession matérielle de celle qu'il convoite?

Mme d'Inguerland, depuis son divorce, a continué de se montrer dans le monde et a, dit-on encore, perdu un peu le souvenir de son mari. On lui a, en effet, connu diverses intrigues qui, toutes, se sont terminées comme son mariage—par un étonnement profond du galant et par sa retraite précipitée.

La réputation de Mme d'Inguerland est établie actuellement. C'est une «amuseuse.» Elle autorise toute privauté, toute audace, même, de parole ou de regard, mais elle se défend contre tout acte, si timide qu'il soit. Elle est ainsi qu'une hôtelière qui, à l'approche d'un voyageur, entr'ouvrirait simplement la porte de son auberge et lui souhaiterait une bien-venue relative. Le voyageur demeurerait peut-être quelques instants à faire les cent pas, devant la maison, mais il se lasserait de l'attente et poursuivrait son chemin. Les amoureux font ainsi, pour Mme d'Inguerland, et comme ceux qui ont tenté d'obtenir inutilement ses faveurs sont nombreux, on peut prévoir le moment où on ne la regardera plus que comme une belle pièce de musée médical et secret.

Le docteur Lescot qui était chez Mme d'Oboso, pendant la visite de Mme d'Inguerland et qui, après son départ, s'est mêlé à notre causerie, nous disait que ces messieurs ont raison de voir en elle «un cas pathologique.»—Ayant toutes les séductions extérieures, toutes les aspirations intimes de la femme, elle est la victime d'une fatalité. Elle est sans sexe, ou plutôt elle est sous l'influence constante d'une atrophie de ses sens. Réfractaire à la volupté physique, elle a pu subir, un temps, les tendresses matérielles de l'homme, mais la nature particulière de son être l'a vite reconquise et, voulût-elle la duper, à nouveau, elle ne le pourrait pas. Elle cherche, dans une intellectualité intime, c'est-à-dire dans le partage d'une passion incomplète, l'apaisement, le plaisir d'amour qui la fuient, et elle ne sème autour d'elle que des déceptions, que des moqueries, que des dédains.—C'est un monstre; mais il faut la plaindre.

Yvonne qui, en apparence, dans le monde, ne prend rien au sérieux, a surnommé Mme d'Inguerland «la Jambe de Bois.»

Le mot a eu du succès. Mme d'Inguerland n'est-elle pas, en effet, un peu comme une jambe de bois—pauvre membre factice qui marche souvent, lorsqu'il est bien agencé—ainsi qu'un vrai membre, mais qui ne saurait avoir la sensation et la jouissance du sol sur lequel il se pose?

LES CADEAUX DE L'AMANT

Hier, il y a eu une petite réunion chez les de Sorget, et il paraît que je m'y suis montrée d'un «fin-de-siècle» scandaleux. Oui, vraiment, le mot a été dit par ce laideron de Mme Berthaud—une bourgeoise revêche et pudibonde égarée dans le monde, et qui doit aux grands services que son mari a rendus au parti royaliste, ainsi qu'à son énorme fortune, d'être admise, d'être tolérée parmi nous.

Rassemblées dans un coin—Mme de Sorget, Mme Berthaud, Yvonne, Rolande, la marquise d'Oboso, Mme et Mlle Johnson que l'on commence à recevoir un peu partout—tandis que ces messieurs étaient occupés par la cote de la Bourse ou des courses, nous nous querellions sur le point de savoir si une femme peut accepter des cadeaux ou de l'argent de son amant, et nous étions fort divisées d'opinions, quand j'ai pris la parole, soudain, au lieu d'écouter, selon mon habitude, et quand j'ai carrément tranché la question. Si ma sortie a quelque peu étonné mes amies, nulle ne s'en est indignée et cette bégueule de Mme Berthaud a, seule, maudit ma franchise.

—Vous êtes toutes ridicules dans vos avis, me suis-je écriée, soit que vous refusiez à une femme le droit de partager la richesse de l'homme qui l'aime et dont elle accepte la tendresse, soit que vous imposiez des atténuations hypocrites à ce droit. Il n'y a point de distinction à établir, en cette matière, et le problème qu'elle renferme doit se poser nettement. La solution m'en semble toute naturelle: une femme peut, sans déchoir dans sa pensée comme dans celle de son amant, recevoir des cadeaux de celui qu'elle aime et à qui, librement, elle appartient.—La femme mariée, tout au plus, serait susceptible d'inspirer quelques réserves à ce sujet. Il lui est moins facile de faire agréer, par son mari, les présents de l'amant que cet amant même. La morale mondaine veut, en effet, qu'un époux ne soit pas déshonoré parce qu'il permet à sa femme de chercher en dehors de lui, les joies qu'elle ne trouve pas en lui, mais elle condamne sévèrement celui qui se fait complaisant devant la générosité d'un... collaborateur. Un mari, selon la morale mondaine, peut, sans craindre le ridicule ou l'infamie, jouer à l'aveugle devant l'infidélité de sa compagne, pourvu qu'il veille à ce que cette infidélité soit gratuite. Donc, laissant la femme mariée à l'arbitraire, à l'illogisme qui la frappe, et ne nous inquiétant que de la femme libre—fille, veuve ou séparée—je dis que cette femme peut, hardiment, et sans encourir le blâme des gens à principes, accepter de son amant des présents—bijoux, chiffons, voitures, chevaux, maisonnette—ou de l'argent. La plus grave, la plus solennelle objection qui ait été faite à cette acceptation d'une récompense, en amour, est que la femme qui l'admet imite la courtisane, se place à son niveau social. Rien n'est plus faux. La courtisane vend ses faveurs à Pierre et à Paul, indifféremment, exerce un commerce, une industrie et ne demande à ses... clients que de payer régulièrement la marchandise qu'elle leur débite. La femme qui se donne sans conditions, qui ne met point de calcul dans son abandon, qui ne prévoit même pas que celui qu'elle fréquente pourra, un jour, la récompenser de son affection, autrement que par des baisers toujours aussi sincères que les premiers qu'elle a reçus, ne saurait décemment être comparée à la courtisane, et quand l'heure viendra où ses doigts joueront avec une riche parure choisie par l'amant, elle ne songera point que cette parure peut représenter le prix de sa tendresse, de sa passion, mais elle se dira, simplement, et mieux, qu'elle lui a été apportée pour la rendre belle davantage, pour la faire plus séduisante. Il lui pourra être malaisé, évidemment, de tenir le même raisonnement, lorsqu'il lui sera offert un gentil portefeuille rempli de non moins gentils billets bleus. Elle sera bien obligée, alors, de constater que ces billets sont mis à sa disposition pour augmenter non seulement son luxe public ou intime, mais aussi pour accroître son bien-être matériel. Eh bien, dans ce cas extrême—le plus délicat de la question qui nous occupe—je me demande encore en quoi la femme qui s'incline devant le don de son amant, ressemble à une courtisane?—L'amour est absolu, dans ses manifestations, de quelque nature qu'elles soient. Si l'on refuse, à une femme, la faculté honnête de recourir à la richesse de son amant, il n'y a pas de motifs pour qu'on ne lui refuse pas la liberté d'aimer et pour qu'on n'oppose pas à la passion qui l'entraîne vers un idéal étranger aux conventions de la vie ordinaire, la stricte observation de ces conventions. On s'en va répétant, sur tous les tons, que la femme qui prend une part de la fortune de son amant, est méprisable; mais je mets au défi le plus habile casuiste de nous dire pourquoi elle est, en cette occurrence, méprisable. Comment! Deux êtres mêlent leur existence, vivent l'un par l'autre, l'un pour l'autre, n'ont de joie vraie que lorsqu'ils se rencontrent, n'ont de peine réelle que lorsqu'ils se quittent, et si l'un d'eux dit à l'autre:—«Je suis à toi et tout ce qui est à moi t'appartient,»—d'amoureux qu'il était, il est, soudain, métamorphosé en marchand d'esclaves; et si la femme répond à ces paroles par un acquiescement reconnaissant, elle est, soudain, changée en prostituée!—Qui oserait soutenir la vraisemblance d'un tel jugement?—En amour, je le redis, il n'y a, moralement, ni d'en-deçà, ni d'au-delà. En amour, tout tient dans une formule unique et exclusive: qui donne le baiser, donne tout ce qui rayonne autour du baiser; qui accepte le baiser, accepte, tacitement, tout ce qui peut provenir du baiser.

Comme je me taisais, affectant, après cette belle tirade, un petit air crâne de soldat qui aurait emporté, d'assaut, une redoute, ce laideron de Mme Berthaud m'a dit en se pinçant les lèvres:

—Vos théories, madame, réjouiraient bien des femmes et leur procureraient l'excuse qui leur est nécessaire. En vérité, vous ne pensez pas tout à fait ce que vous venez d'exprimer, car si vous le pensiez, on serait amené à vous demander si votre indulgence s'étend à l'homme qui partage la fortune de sa maîtresse. N'avez-vous pas déclaré, en effet, que l'amour est absolu dans ses manifestations. Renversez donc un peu les rôles et vous me direz ce que vaut votre discours.

En entendant ce persiflage, un peu de colère m'a agitée et j'ai répliqué—trop vivement peut-être—à Mme Berthaud:

—Votre observation est subtile, madame, et faite, je n'en doute pas, pour m'embarrasser. Je n'en suis pas gênée, pourtant, et j'ai le regret—si c'est un regret—de vous affirmer que je pense tout à fait ce que j'ai dit. Quant à renverser les rôles, entre amants, non; les gens mariés se chargent de cette besogne et vous ne blâmez pas, que je sache, les hommes qui, n'ayant pas le sou, épousent des femmes riches?—Votre indulgence vaut la mienne, il me semble.

Mme Berthaud m'a jeté un regard qui n'avait rien de bienveillant et Mme de Sorget qui présidait notre cercle, a conjuré l'orage qui s'amassait sur nos têtes, en m'entraînant à l'autre bout du salon. Elle m'a appris que M. Berthaud était pauvre comme Job au temps de ses épreuves, lorsqu'il a épousé son laideron.

Cette révélation explique la méchanceté et la vertu dudit laideron.

J'ai commis une gaffe, évidemment; mais, tout de même, je suis contente de moi.

LE RÊVE, EN AMOUR

Il m'est arrivé, la nuit dernière, une chose étrange—si étrange que j'ose à peine me la rappeler, la consigner sur ce carnet. Avec le plus de réserve possible, je vais, cependant, essayer de me la raconter.

Je m'étais couchée d'assez bonne heure et comme j'étais lasse d'une promenade en mail à laquelle nous avait conviés cette excellente marquise d'Oboso, je m'étais endormie vite. Je reposais paisiblement lorsque, soudain—le souvenir de ce moment est très précis en ma mémoire—j'éprouvai une sensation bizarre, pénible, douloureuse et exquise en même temps. Je m'éveillai dans l'émoi d'une véritable crise passionnelle, dans l'agitation, dans le trouble d'une caresse d'amour donnée et reçue.

Cette impression, toute nouvelle pour moi, me causa non seulement de la surprise, mais, aussi de la frayeur. Je crus sentir, auprès de moi, comme la présence d'un être extraordinaire et sous l'influence de cette conviction, je regardai machinalement autour de moi. J'étais seule, bien seule, dans mon grand lit où j'ai tant de satisfaction à m'étendre, et nulle trace de séducteur mystérieux ne se révélait.

J'avais rêvé, tout simplement; et en recouvrant mon calme, je pus reconstituer le songe qui m'avait tourmentée.—Est-ce bien tourmentée, que je devrais dire?—Je laisse ce mot, puisque je me suis promis d'être réservée.

Sur le mail de Mme d'Oboso, mon mari qui, depuis quelque temps, me témoigne des amabilités que, d'ailleurs, je feins de ne pas remarquer, s'était appliqué à m'être agréable, à me faire une sorte de cour, comme si je n'eusse pas été sa femme, et lorsque nous rentrâmes, son petit manège occupa mon imagination durant les minutes que je mis à me déshabiller.

Sous l'action des réflexions que Jean avait fait naître en moi, je me mis tout bêtement à le revoir, à lui parler, à badiner avec lui, en rêve. Il m'apparut, même, je m'en souviens fort bien et j'en ai presque du dépit, très gentil ainsi, plus gentil que dans la vie réelle; et comme, en ce rêve, je n'avais aucune raison pour repousser sa galanterie, je m'abandonnai à lui et je fus sa femme ainsi qu'aux jours où je l'étais pour de bon.—Lorsque je m'éveillai, dans toute la félicité de cette originale réconciliation, tout était consommé, ainsi que dirait l'abbé de Mervil—le plus élégant et le plus psychologue des abbés parisiens—et j'avais, pour la première fois, trompé mon ami, mon pauvre ami M. de Nailes.—L'infidélité, quoique involontaire, quoique ne portant qu'une signature factice, était certaine, en effet, et très flagrante.

En vérité, lorsque je pense à cette... aventure, j'éprouve comme une vague confusion et comme une appréhension qu'atténue, cependant, le charme énigmatique qu'elle m'a procuré.

Ma confusion provient de ce que n'étant pas une femme pervertie, une vicieuse—je devine que mon être cherche des sensations en dehors de son actuel contentement; mon appréhension prend sa source dans la certitude instinctive que de semblables phénomènes me troubleront encore et que, désormais, je ne pourrai empêcher mon mari ou un autre homme, peut-être, de s'emparer de moi, imaginativement.—Cette façon d'aimer et d'être aimée ne serait point banale, sans doute, mais je n'ai, pour elle, en me consultant, aucun goût.

Quoi qu'il en soit, et malgré le trouble que je ressens, je ne puis que rire en songeant à la situation que créait mon sommeil à mon mari et à M. de Nailes—le premier dormant non loin de moi, le second rentrant, guilleret, du club, peut-être, sans se douter de l'événement heureux et malheureux dont ils étaient les héros.—L'homme a des côtés bien comiques, et la femme des perfidies bien subtiles, décidément.

Je voudrais, sincèrement, m'expliquer... l'accident dont je viens d'être l'objet; mais je ne réussis qu'à peine à le comprendre.

Je conçois aisément qu'une femme dont les nerfs ont subi certaines secousses, peut n'être plus la maîtresse de son imagination ou de ses sens, pendant le sommeil. La caresse ayant passé en elle, dans la douceur et dans la brutalité délicieuses de la possession, il est facile d'admettre qu'elle frémira au contact, même fictif, de l'amant durant la période de temps qui la sépare de la vie active et qui annihile toute expression consciente de sa volonté.

Mais ce que je ne parviens pas à établir, c'est la cause morale ou physique qui fait qu'une femme éprise d'un homme peut l'oublier, en un rêve, et accepte sans révolte logique la venue d'un autre homme, auquel elle se livre et par lequel elle éprouve toutes les sensations que lui procure celui qu'elle aime.

Il me semble qu'elle devrait, même dans l'inconscience qui découle du sommeil, conserver l'attraction intellectuelle ou matérielle de l'être qu'elle préfère et, si elle est sujette à des émois intimes, ne subir que par lui ces émois.

Il y a là, dans cet état particulier qui est aussi celui de l'homme, si j'en juge par le magnétisme qui les jette l'un vers l'autre, un mystère infiniment poignant, presque cruel.

La question qui en relève est inquiétante: quelle que soit l'affection, quelle que soit la passion qui lient un homme et une femme, l'un à l'autre, ni cet homme ni cette femme ne peuvent être assurés d'une communion complète, ne peuvent posséder la quiétude parfaite de leurs sentiments ou de leurs sensations. Lorsque, éveillés, leurs bouches murmurent des serments de fidélité, leurs corps, leurs âmes, dans le sommeil, se dégagent d'eux-mêmes, les font étrangers l'un à l'autre, et ils ne se retrouveront que dans l'amertume d'une désillusion, que dans le doute de la joie absolue qu'ils s'offrent mutuellement.—Ayant été parjures involontaires, dans leurs nuits, ils mettront moins de force, moins de conviction dans la foi qu'ils échangeront, en leurs jours.—Le rêve qui les aura séparés, créera entre eux, un au-delà vers lequel, fatalement, se porteront leurs regards, leurs désirs, et amènera l'affaiblissement du plaisir qu'ils goûtaient l'un par l'autre. Le rêve qui les aura séparés, en généralisant leur idéal, en l'émiettant, en l'éparpillant sur d'autres personnalités que les leurs, les obligera à penser qu'ils se trompaient en demandant à une unité, embellie de tous les mensonges d'une vision, l'exaltation de l'esprit et de la chair, et à considérer que l'amour est pareil à toutes les choses humaines—bonnes ou mauvaises—qu'il se donne et se reçoit, un peu, de toute main.

Mon rêve qui était gai, m'a rendue triste. Je voudrais l'entourer d'une signification plus conforme à mes joies présentes et je sens que ma pauvre petite tête se fêle à le trop comprendre, et je me mets à philosopher sottement.

Yvonne, peut-être, me l'arrangera au mieux de mes sympathies. Je le lui raconterai et, vraiment, j'ai bien besoin qu'elle me l'explique comme elle sait expliquer tant de réalités.

PSYCHOLOGIE DU RÊVE, EN AMOUR

J'ai fait connaître à Yvonne le rêve qui m'a inquiétée. Elle n'en a point paru surprise et en a reçu la confidence comme elle aurait entendu celle d'un fait tout naturel, attendu.

—Tu as tort, m'a-t-elle dit, de t'alarmer au sujet de ce rêve et des conséquences qu'il a eues. Quant à la cause morale ou physique qui l'a déterminé, elle est fort simple. Cette cause est tout entière dans cette vérité que la femme qui n'est plus une ignorante, en amour, ne vit pas seulement d'exclusivité. Etant à un homme, elle peut reporter sur cet homme l'absolu de son affection spirituelle, mais elle ne saurait être la maîtresse souveraine de sa chair. Or, ma chérie, les sens de la femme ont des points communs avec ceux de l'homme; de même que ceux de l'homme s'émeuvent à l'approche de telle ou telle créature, de même ceux de la femme parlent au contact de l'être qui, passionnellement, correspond avec eux. Ce trouble intime se produit, chez la femme, tout autant dans la vie réelle que dans le rêve. Le rêve lui est plus profitable parce que la conscience étant, alors qu'il se forme, anesthésiée, ne peut en détruire les effets. Il ne crée donc aucun danger pour la joie que goûtent, entre eux et l'un par l'autre, deux amants.—Eveillés et revenus aux bras l'un de l'autre, ils ne songent point à l'infidélité involontaire qui les a séparés, et s'ils y songent, ce n'est que pour mieux s'adorer. Tout au plus, tenant compte de tes craintes, la sensation étrangère à eux-mêmes qu'ils auront éprouvée, les incitera à des curiosités qu'ils ne satisferont peut-être jamais ou qu'ils satisferont d'un commun accord. Il est à peu près inadmissible que l'homme, en ce cas, permette à sa maîtresse de recevoir d'autres caresses que les siennes; mais il est vraisemblable de penser qu'il obtiendra d'elle l'absolution de baisers vagabonds. Ces baisers ne susciteront aucun péril pour elle. Son ami lui reviendra, après les avoir distribués, plus épris qu'avant la crise. Le péril n'existerait réellement qu'à la suite d'une liaison déjà vieille et dont le charme déclinerait. Ce n'est pas ton cas, et nous n'avons point à examiner les désordres qui résulteraient de cette situation.— L'accident, comme tu dis, dont tu as été victime—une victime fort peu à plaindre, avoue-le—est particulier aux natures sensuelles, à ceux et à celles qui ont été initiés aux secrets délicieux de la possession et, dès maintenant, tu dois en prévoir le retour.

—Sais-tu bien, fis-je, que ta conclusion n'est guère rassurante pour M. de Nailes.

Yvonne eut un gentil rire.

—Oh, tant qu'il n'y aura, entre toi et lui, qu'un rêve, il ne sera point trop malheureux.—Tes rêves ne renfermeront peut-être pas toujours, pour lui, des infidélités, d'ailleurs. Celui que tu m'as conté t'a surprise. Tu n'es pas au bout de tes étonnements, ma mignonne.

—Quelle abomination encore me menace?

—Une abomination qui menace toute femme, sans qu'elle s'en déclare trop indignée lorsqu'elle la subit.—Il t'arrivera cette chose plus singulière, certainement, que celle qui te préoccupe, cette chose qui consiste à être bouleversée, dans le sommeil, et en l'absence du rêve même, par le plaisir d'amour—par un plaisir anonyme qui prend sa source en soi, et dont l'effet ne se reporte qu'à soi. Nulle crise passionnelle et transitoire ne le détermine. Il s'empare de l'être, le secoue et le laisse stupéfait, pareil, un peu, à un enfant qui verrait lui tomber dans la bouche une friandise, alors qu'il se trouverait seul et loin de tout marchand de douceurs.—Des savants, des philosophes, des romanciers ont tenté d'expliquer cette bizarrerie sensuelle. Tous leurs discours ne contiennent que des sottises, que des subtilités physiologiques ou psychologiques étrangères à la question.—L'homme et la femme qu'un spasme voluptueux non provoqué par l'amant ou la maîtresse, non provoqué par le souvenir de l'amant ou de la maîtresse, saisit, dans le sommeil, sont, simplement, des instinctifs—passionnés ou chastes—les extrêmes se touchent ici—en qui le désir monte, se développe soudain, à qui la force vitale qu'ils exploitent ou qu'ils ignorent, s'impose dans un viol de leur chasteté ou dans une continuité mécanique de leurs penchants.—Lorsqu'un écrivain, après plusieurs heures de travail, se couche, il ne peut arrêter la marche de son cerveau et s'endort tardivement, hanté, malgré lui, par les aventures ou par les personnages qu'il a imaginés.—Lorsqu'un être a coutume d'aimer, il ne saurait davantage mettre un frein à l'activité de ses sens et, dans le repos même, il ne pourra empêcher le fonctionnement de leur jeu naturel.—Les chastes ne sont chastes, ordinairement, que charnellement; leur pensée est, à leur insu, contre toute leur volonté même, impure, en certaines heures. Si les amants subissent l'influence des contacts, les chastes subissent l'influence des visions.

—Ma petite Yvonne, murmurai-je, tu aurais un bien joli succès à la Bodinière, si tu consentais à y faire une conférence sur l'amour.

—Ne te moque pas, répliqua la folle, le sujet que nous traitons est plus sérieux que tu ne le crois. On pourrait le baptiser, par à peu près, ainsi qu'une comédie célèbre: «*Les Surprises de l'Amour*,» et dans l'étrange accumulation de faits qu'il présente, il en est de déconcertants. L'inconscience des amants— cette inconscience qui les rend infidèles, dans le sommeil, ou qui les jette, solitaires, dans un émoi qu'ils n'ont point souhaité, s'explique par des causes, après tout, naturelles et conformes à leur constitution physique ou morale. Mais que penser de la femme, par exemple, qui étant sous la caresse d'un homme—mari ou amant—éprouve toutes les joies, toutes les sensations de l'amour le plus ardent en dehors de cet homme, qui n'est pour elle, alors, que le véhicule de son désir, et reporte toutes ces sensations, toutes ces joies, vers un autre que celui qui la possède effectivement, vers un autre qu'elle aime ou qui, simplement, dans sa forme plastique, provoque en elle une excitation physique? Que penser de cette tromperie, sur la présence réelle dans l'amour, entre deux êtres qui, cependant, sont intimement mêlés?—Je t'accorde, ma mignonne, que la plupart des femmes à qui ce genre d'accident est fréquent, sont ou des vicieuses ou des femmes qui, éprises, n'ont jamais appartenu à ceux qu'elles souhaitent. Il est curieux de constater, en effet, que la femme infidèle, pratiquement, à son mari ou à son amant, n'est plus que rarement sujette à cette sorte d'erreur, ne s'abuse presque jamais sur la personnalité de celui à qui elle se donne. Parmi les femmes atteintes de cette déviation spéciale du sens amoureux, il en est donc que l'on appelle des femmes honnêtes—épouses irréprochables dans l'extériorité de leur vie, maîtresses n'ayant jamais encouru le blâme de ceux qu'elles ont choisis.—Tu semblais effrayée par le mystère du fait qui te concerne. Le fait que je t'indique, ne doit-il pas provoquer davantage ton effarement?—Quelle énigme, en vérité, contient la dissimulation perverse des unes, ici, l'absence d'immédiate sensation chez les autres, ou plutôt la faculté qui les caractérise de se faire étrangères au lieu, à l'heure, à l'homme qui marquent leur abandon, de substituer à cet homme, à cette heure, à ce lieu, une figure, un théâtre, un temps qui n'ont rien de commun avec leur intimité?

J'interrompis Yvonne.

—Tais-toi, dis-je.—Si l'on réfléchissait trop à ces choses, on haïrait l'amour.

Mon amie haussa les épaules.

—Non, conclut-elle, on ne haïrait pas l'amour qui est l'élément le plus exquis de la vie, mais on l'envisagerait peut-être avec moins d'exclusivité. On ne songerait plus autant à l'égoïsme qu'il crée et l'on se dirait qu'il est sage de ne le considérer que dans ses fins dernières—que dans la minute qu'il embellit, dans la pensée qu'il charme, dans la sensation qu'il procure. On le débarrasserait de toutes les fictions, de toutes les conventions, de toutes les inquiétudes dont on a l'habitude de le charger et l'on s'en irait avec lui, plus léger, sous le soleil et dans les fleurs. Il ne nous apparaîtrait plus qu'ainsi qu'un étincelant papillon dont l'élégance affinée et les chatoyantes couleurs seules séduiraient.

—Gentil docteur, combien votre leçon?

—Un baiser.

Je payai bien volontiers, avec la monnaie exigée, le discours d'Yvonne. Son bavardage, exempt de tout pessimisme, m'avait rassurée sur moi-même et sur les autres.—Comme «des autres,» actuellement, pour moi, c'est M. de Nailes, je me refusai à discuter plus longtemps. Je mis mon amie à la porte et je m'habillai pour un dîner, chez les Johnson, où je devais la retrouver.

PSYCHOLOGIE DES CARESSES

Depuis le très subtil entretien que j'ai eu avec Yvonne sur les caresses, j'ai beaucoup réfléchi et il m'a paru curieux de rechercher non pas le plus ou le moins d'importance qui leur appartient, dans leur diversité, mais la nature propre à chacune d'elles, mais la sensation qu'elles procurent, selon qu'elles viennent de l'un ou de l'autre de nos sens.

Yvonne l'a dit fort justement: l'œil, l'oreille, la main, la bouche et le nez, prennent et donnent leurs caresses particulières.

Ce théorème, extrait du Traité pratique de l'Amour que rédige si bien ma folle amie, étant exposé, il s'agit d'en démontrer l'excellence.

L'œil et l'oreille semblent, tout d'abord, être les agents les plus sérieux de l'amour. Ils ne sont, cependant, que des soldats d'avant-garde qui reconnaissent le terrain avant la bataille, et la main, la bouche, le nez, sont le gros de l'armée qui doit entrer en ligne.

Je m'explique.

Par l'œil, par le regard, pour parler plus poétiquement, l'homme ou la femme éprouve la première sensation qui déterminera le désir, ainsi que pourrait prononcer M. de La Palisse. Par l'oreille, il ou elle perçoit l'aveu, le charme moral de la passion naissante. Ce n'est qu'après avoir bien établi ces deux points fondamentaux de toute liaison, que deux amants—pareils à des joueurs d'échecs—avanceront leurs pions et en appelleront à la main qui crée le contact, à la bouche qui sourit et qui goûte, au nez qui recueille les parfums, en faveur du succès de leur sympathie.

Dans les préliminaires d'une aventure, dans le temps de cour que l'on consacre à toute liaison, régulière ou clandestine, l'œil et l'oreille, le regard et la voix ont une extrême importance. Cette importance cesse dès la possession.

Les amants se préoccupent moins, alors, de se contempler, de s'entendre parler que de s'abîmer, charnellement, l'un en l'autre.—L'homme, si sa maîtresse est d'une silhouette élégante et fine, s'amusera tout au plus encore à la voir se dévêtir, à la voir s'apprêter à l'abandon; la femme, quelque attractif que soit son amant, n'aura, pour lui, qu'un coup d'œil gai ou moqueur qui ne lui montrera plus rien. L'homme pourra écouter sa maîtresse, si elle est bavarde, lui débiter quelque propos mondain, mais il restera silencieux et attendra même que le calme se soit fait en son alcôve, pour mieux goûter le plaisir qui lui sera offert. Les heures douces et aimables des phrases bien tournées, des regards pleins de sentimentalité émue, auront vécu, entre eux, et c'est aux contacts plus précis de leur être qu'ils demanderont leur joie.

La main, la bouche et le nez leur apporteront cette joie.

Ne m'occupant, ici, que des impressions reçues par la femme, j'ajouterai que la main de l'amant, tantôt soumise, tantôt autoritaire—câline et hardie dans la même seconde—a sur elle cette sorte d'influence que possède la main du magnétiseur sur son sujet. La préparant à l'amour, elle la jette dans l'amour; elle sème, sur tout elle, des frissons et des brûlures, des douceurs et des piqûres. Elle est l'instrument magique et pervers qui précipite le désir et qui le fait inassouvi. Elle prend, vole, pille tout ce qui se livre à elle, et, cependant, elle laisse le tout entier et seulement disposé à être pris, volé, pillé.

La bouche communique à la femme une sensation fort subtile. Il semble qu'elle lui verse une ivresse particulière dont la nature absolue, au point de vue de l'extase, exclut toute impression qui ne vient pas d'elle.—On a dit, avec raison, que la femme qui tend sa bouche au baiser, se donne tout entière. Les caresses de la main, en effet, peuvent ne pas entraîner, nécessairement, la chute d'une femme. Les ayant acceptées, elle a le droit, elle est libre encore de se ressaisir. Cette liberté, ce droit ne lui appartiennent plus dès qu'elle a permis qu'une lèvre d'homme effleure la sienne. Si elle est, comme Mme d'Inguerland, une «amuseuse,» elle conservera toujours la faculté froide de se reprendre; mais si elle est une amoureuse, elle sera à l'homme qui l'aura ainsi frôlée. Il n'est pas de volonté, il n'est pas de remords, il n'est pas de vertu qui tiennent devant la caresse d'une bouche sachant offrir et recevoir le baiser.— Le baiser crée le contact intime et doux après lequel le contact suprême et puissant apparaît comme une conséquence logique et obligée de l'exaltation subie. Le baiser a un goût et c'est de ce goût, indéfinissable, que jaillit sa caresse.

Le nez—ce pauvre nez dont Yvonne, l'autre jour, avait fort envie de se moquer, tout en plaidant sa réhabilitation, a un rôle important, également, dans la possession. Il est comme le conducteur des mouvements passionnels—physiques ou intellectuels—de l'amant, et dans la recherche à laquelle il s'habitue, soit qu'il hume, délicieusement, l'odeur préférée de la femme aimée, soit qu'il recueille plus spécialement les effluves qui s'échappent de son être, il atténue ou accroît le désir. Il me semble que les voluptueux préféreront toujours, au charme d'un produit de parfumeur, le charme moins banal d'un corps de femme.

A la minute exquise et douloureuse de l'abandon, les trois caresses de la main, de la bouche et du nez—du toucher, du goût et de l'odorat— formeront, dans un ensemble, la joie mystérieuse en dehors de laquelle rien n'existe, parce qu'elle est absolue, parce que sa genèse est dans la vie même.

Je parlais, plus haut, du baiser, et je m'essayais à en fixer la psychologie— une psychologie très sommaire et exempte de pédantisme, je crois.

Je ne veux pas terminer ces feuillets, aujourd'hui, sans en compléter l'expression.

Il y a trois sortes bien distinctes de baisers: le baiser d'avant, le baiser de pendant et le baiser d'après la possession.

Le baiser d'avant la possession doit être timide, prudent, doux, discret et modeste. Il doit être pareil, un peu—pour employer une comparaison—à un voyageur qui frapperait à une porte et qui se ferait humble pour qu'on lui accorde l'hospitalité. Si le voyageur est un bandit ayant l'intention de mettre à feu et à sang la maison, il se gardera bien, alors, de révéler son véritable état; si le baiser est un baiser terrible, un brigand de baiser, il se gardera bien de montrer l'ardeur qui l'anime, de laisser deviner les méfaits dont il compte se rendre coupable.

Le baiser de pendant la possession a tous les droits, tous les devoirs même d'un conquérant. Qu'il saccage, qu'il morde la bouche qui l'agrée, il sera pardonné—tel un soudard, en une ville vaincue, est souvent excusé par la belle fille qu'il vient de trousser.

Le baiser d'avant et le baiser de pendant la possession, doivent être assez bien entendus de la plupart des hommes et tous en observent, probablement, les nuances presque instinctivement.

Je doute que le baiser d'après la possession soit aussi bien, aussi communément compris.

Les uns doivent le faire trop brutal, les autres trop indifférent.

M. de Nailes le donne fort gentiment et, à mon avis, tel qu'il faut qu'il soit donné.

C'est, avec lui, comme une caresse délicate, reposante, qui court sur les lèvres, sur les yeux, sur tout ce qu'il vient d'aimer; c'est, avec lui, comme le muet remerciement, comme le sentiment matérialisé, mais reconnaissant, de la joie qu'il a éprouvée.

La femme la plus voluptueuse—la moins pudibonde, par conséquent— se sent envahie, après l'abandon, par l'involontaire regret de cet abandon. Or, si les hommes avaient l'intuition de sa pensée, en cette heure, si les hommes savaient la récompenser de son émoi, de sa secrète alarme, en mettant dans leur baiser de... clôture, de la chasteté presque, ils seraient doublement aimés.

Yvonne dirait qu'ils seraient, alors, trop parfaits et trop heureux.

Mon Dieu, pourquoi non, après tout?... M. de Nailes est ainsi, ou du moins m'apparaît ainsi, et je ne m'en plains pas.

LA FEMME ET LES CARESSES

Je croyais en avoir fini avec le chapitre des caresses, mais il paraît qu'il est plus compliqué que je ne le pensais.—Yvonne, à qui j'ai fait part des réflexions qu'il m'avait inspirées, m'a joué le méchant tour, cette après-midi, chez la marquise d'Oboso, pendant que ces dames savouraient, avec des mines friponnes, de nombreuses tasses de thé, de répéter ce que je lui avais confié.

Tout de suite, alors, la conversation s'est animée, a pris un tour de galanterie piquante, et l'abbé de Mervil qui s'occupait à nous confesser, sans en avoir l'air, a fait: «—Hum... hum...»—et cette bégueule de Mme Berthaud s'en est allée, donnant comme prétexte à sa sortie, des visites de charité fort urgentes.

J'étais un peu sur la sellette, comme auteur des théories—subversives, au dire de l'abbé—que colportait Yvonne et j'avoue que je me sentais intimidée. J'espérais même que l'entretien, sur les caresses, se terminerait ainsi que la plupart de nos entretiens, lorsque l'abbé est présent—par quelque reposante et morale leçon; mais je comptais sans mon hôte, sans la curiosité de ces dames qui, lancées en des demandes et en des réponses embarrassantes, n'écoutaient aucune prudence, n'avaient aucune pitié pour ma confusion.

Soudain, en effet, la voix chantante de la toute blonde Mme de Sorget s'éleva et je mentirais si j'affirmais que la question qu'elle formula, n'excita point, en moi, de l'intérêt.

—Yvonne et Luce—Luce, c'est moi: Luce de Rosnay, pour vous servir, mesdames et messieurs—Yvonne et Luce, fit-elle, ont merveilleusement établi la psychologie et la physiologie des caresses. Mais leur étude est incomplète. Elles n'ont examiné les caresses que dans le courant qui les porte de l'homme à la femme. Si nous les envisagions un peu dans le courant contraire, dans le courant qui les porte de la femme à l'homme?—Que répondriez-vous si l'on vous interrogeait afin de savoir si la femme doit rendre à l'homme toutes les caresses qu'elle en reçoit?

Mme de Sorget s'étant tue, il y eut un gros murmure autour d'elle et jamais je ne vis le salon de la vieille marquise si houleux.

Chacune de nous «brûlait» de l'envie de connaître le mot de l'énigme qui venait d'être si audacieusement posée, mais nulle d'entre nous—même parmi celles qui le devinaient—n'avait la hardiesse de le prononcer. Nous en serions, certainement, restées pour nos frais d'imagination, si Mme d'Oboso, avec la franchise qui lui est habituelle et avec l'autorité que lui vaut son âge, ne nous avait satisfaites et tirées de notre perplexité, à la grande frayeur de l'abbé qui lui faisait des gestes et qui lui jetait des regards significatifs pour qu'elle ne parlât point.

La marquise s'aperçut de ces objurgations muettes et s'en montra agacée.

—Voyons, l'abbé, dit-elle, vous n'êtes point madame Berthaud et vous n'allez pas m'empêcher d'instruire ces mignonnes. Vous entendez des choses bien autrement défendues, dans votre confessionnal.

L'abbé eut une inclinaison onctueuse:

—Permettez-moi de vous faire remarquer, madame la marquise, qu'alors, il y a le bon Dieu entre les pénitentes et moi.

—Le bon Dieu est partout, l'abbé, ne l'oubliez pas—autant chez moi qu'à l'église.—Par conséquent, puisqu'il vous protège là, il vous protégera ici, si toutefois il est nécessaire que vous soyez protégé.

M. de Mervil sourit, salua et s'adossa à la cheminée.

Mme d'Oboso reprit:

—La question qui vient d'être faite paraît subtile, tout d'abord, et cependant elle ne l'est pas.—La femme doit-elle rendre à l'homme toutes les caresses qu'elle en reçoit?—Absolument, et si nous choisissons comme types de notre examen, deux êtres qui s'aiment vraiment, qui sont dans la recherche constante de l'un et de l'autre, qui se désirent assez pour faire abstraction, entre eux, de toutes conventionnelles mondanités, de toute pudeur, de toute réserve, il n'est pas douteux que ce que l'un offrira à l'autre, cet autre le lui rendra. Le chemin parcouru par le baiser de l'homme sera suivi par le baiser de la femme et leurs deux êtres s'unifieront dans l'harmonie parfaite d'une même joie. Une comparaison fera-t-elle mieux comprendre mes paroles?— Lorsqu'un soldat montre à l'un de ses camarades, le maniement du fusil, tous deux ont les mêmes mouvements, tous deux agissent de même façon. On dirait, à les voir, deux marionnettes articulées tant leurs gestes sont identiques.—L'amour veut aussi qu'entre deux êtres, il y ait un instructeur— l'homme; un conscrit—la femme; et que cette dernière soit le reflet exact de son maître. L'avenir d'une liaison dépend, souvent, il faut le reconnaître, de la compréhension que témoigne la femme à s'assimiler les tendresses de son amant, à lui procurer le même bonheur qu'elle goûte par lui. Sa légendaire passivité disparaît, alors, et l'initiative par laquelle elle la remplace, lui vaut, sûrement, un attachement plus sérieux. Combien d'hommes se désintéressent de la femme que, pourtant, ils aiment? Combien d'épouses, de maîtresses qui, radieuses au début d'une union, pleurent quelques mois après cette union, en cherchant vainement la cause de leur délaissement?—Cette cause est tout entière dans la trop grande timidité qu'elles ont apportée dans leur alcôve, dans le défaut d'initiative, de sens voluptueux qui les caractérise. Je sais la grave objection que l'on oppose à mon argumentation: une femme mariée, une maîtresse dont la liaison est consacrée mondainement, doivent être respectées par l'homme, dans l'intimité même et ne peuvent être regardées comme ces demoiselles vers qui, cependant, vos chers maris et vos beaux amis, mesdames, s'en vont, malgré tous vos charmes incontestables. Eh bien, cette objection est absurde. Il n'y a point, en amour, deux sortes de femmes; il n'y a point plusieurs façons de chérir. Il n'y a qu'une femme—la femme désirée—et qu'un baiser—le baiser partagé dans ses plus extrêmes conditions, dans ses plus troublants aspects. La femme que l'on respecte, en amour, n'est ni l'épouse, ni la maîtresse dont on garde le contact, dont on souhaite la joie. C'est la femme sacrifiée, sorte de mercenaire du foyer, sorte d'esclave de l'alcôve, bonne seulement à faire des enfants. Dans sa maternité même, il n'entre aucune douceur. Cette maternité, comme son sexe, subit le lourd égoïsme de l'homme qui la féconde, soit qu'il obéisse à des traditions familiales surannées, soit qu'il soit atteint de ce que j'appellerai «de mal d'être père.» Car, ne nous y trompons pas, certains hommes sont tourmentés par le besoin de procréer, après quoi ils dorment, ainsi que certains autres, par le besoin de boire ou de jouer, après quoi, également, ils ronflent.

A cet endroit du discours de Mme d'Oboso, l'abbé se moucha bruyamment.

La marquise que, décidément, il agaçait, se tourna vers lui.

—Je sais ce que je dis, l'abbé, fit-elle, et vous n'avez que faire de vous moucher, pour m'interrompre. En parlant ainsi, je rends plus de femmes heureuses et de maris fidèles, que tous vos sermons.

Puis, s'adressant, de nouveau, à nous, elle continua:

—Mes mignonnes, je ne me dissimule pas que ma théorie pourra paraître impraticable à quelques femmes, aux sentimentales, par exemple. Les voluptueuses seules l'adopteront.—Le monde n'est point parfait et je n'ajouterai à cette constatation, qu'une remarque: les voluptueuses seront seules satisfaites dans leurs désirs et dans la joie à donner et à recevoir l'amour; les sentimentales resteront ce qu'elles ont été toujours, charmantes dans un salon, un peu ternes dans l'intimité.—L'amour est comme toutes les choses de la vie: il veut de la diversité. Le regard, la bouche, l'oreille, se fatiguent du même paysage, du même mets, de la même chanson. L'amour est ainsi et il n'est pas réfractaire aux variations—aux articles additionnels, comme on dit à la Chambre—que ses fervents savent introduire, par leur science, par leur curiosité, dans ses lois habituelles et générales.

La marquise se tut et contempla l'abbé qui, les mains croisées sur sa ceinture, les yeux obstinément fixés sur un dessin du tapis, était immobile et muet. Cette attitude, encore, l'impatienta et elle se fit moqueuse:

—Eh bien, l'abbé, j'ai terminé ma leçon. Vous ne dites rien?

M. de Mervil eut une petite toux sèche:

—Je ne dis rien, non, madame la marquise, mais je pense que vous paraphrasez bien spirituellement une parole de Notre-Seigneur. Vous criez à ces dames:—«Allez et péchez!»—Vous n'attendez pas que je vous approuve, que je les approuve, surtout, si elles observent vos commandements?

La marquise se redressa, un peu coléreuse:

—Pardon, pardon, l'abbé, il ne faut être en rien plus royaliste que le roi. Or, comme Notre-Seigneur a excusé Madeleine, j'espère bien...

Yvonne interrompit Mme d'Oboso.

—Soyez sans inquiétude, chère madame, sur notre sort. M. de Mervil n'aura ni à nous absoudre, ni à nous damner. Il y a des péchés qui ne s'avouent pas.

Mme de Sorget, toute rose et plus blonde sous le rose de ses joues, s'avança et conclut, mettant tout le monde d'accord:

—Parce qu'il y a des péchés qui ne sont pas des péchés.

Cette déclaration exprimait-elle l'impression de toutes celles qui étaient chez Mme d'Oboso? On pourrait le croire au joli rire qui l'accueillit et dont l'abbé profita pour s'enfuir, dissimulant ainsi sa défaite.

Il prendra, certainement, sa revanche dans son confessionnal et gare à celles qui, cette semaine, auront l'imprudence de lui demander l'absolution. Je ne serai pas de celles-là.

LE LANGAGE EN AMOUR

Si l'on demandait à une jeune fille dont le cœur s'éveille, ou à une toute nouvelle épousée, s'il y a un langage spécial, en amour—un langage qui développe l'imagination, qui affole les sens, la jeune fille ou la toute nouvelle épousée resterait, certainement, bouche bée, surprise, embarrassée.

En dehors du:—«Je t'aime»—habituel, en dehors des mille et une douceurs parlées que comportent la cour que l'on fait à une femme, ainsi que les premiers temps de la possession, elle ne devinerait rien, aucun des mots inquiétants qui, cependant, caractérisent l'amour et jaillissent des lèvres des amants.

J'ai été pareille à cette jeune fille, à cette épousée, et il a fallu que ce qui est, fût—que je trompasse mon mari pour que ces mots me fussent révélés, pour que je comprisse que l'amour a un langage particulier—délicieux, enivrant, dans sa brutalité même—pour que je comprisse, également, que la volupté a deux folies bien distinctes auxquelles rien ne résiste: la folie de l'action et la folie de la parole.

Il en est du langage, en amour, comme des caresses qui, elles, appartiennent à la folie de l'action.

Le langage d'avant et le langage d'après ne sont point le langage de pendant.

Le langage d'avant, fait de tendresses, de syllabes musicales—si je puis ainsi m'exprimer—est comme le prélude d'un opéra à grand spectacle, et prépare à bien recevoir les accords plus puissants, plus pathétiques, plus intimes aussi, des scènes qui vont se jouer. Rien de trop vif, de trop audacieux, ne doit en atténuer la mélodie, en rompre le charme—l'illusion même. Car toute femme qui va se donner, malgré la conscience très nette des faits qu'elle accepte, a comme le besoin instinctif de se tromper soi-même sur la réalité de ces faits; elle se livre sans vouloir songer, entre les bras de l'homme qui s'empare d'elle, sous ses baisers légers, sous sa voix murmurante, qu'elle fait l'offre de son corps, de tout ce qui est elle—réfractaire presque, durant un éphémère moment non exempt de subtiles délices, à l'exaltation de son âme, à la démence de sa chair.

Le langage d'après ressemble beaucoup à celui d'avant. Il est comme le ressouvenir de l'heure d'entraînement—de l'heure chaste—et dans sa câline expression, il doit ramener la femme au rêve, il doit lui faire oublier, presque, l'instant douloureux et exquis, à la fois, en lequel elle s'est perdue. La femme, après la possession, a non seulement un peu le regret de sa faiblesse, ainsi que je l'ai dit précédemment, mais elle en a aussi la honte, la rancune. A la confusion de s'être dévoilée devant l'amant, s'ajoute, en elle, la colère de se sentir physiquement moins forte que l'homme. Cette constatation, qui lui mettrait peut-être de la rage dans le cœur, la fait sourire bientôt, si celui qui l'a vaincue sait dissimuler son triomphe par des mots opportuns, par des paroles appropriées à la situation toujours très délicate que crée, entre deux êtres, la minute de l'apaisement, du repos, de la séparation.

Le langage de pendant l'amour exige une analyse beaucoup plus complète. Composé d'idéalisme et de réalisme, il doit exagérer les sensations de la femme et se produire à la seconde psychologique où elle est disposée à l'entendre, au risque de la froisser profondément. Autant une femme passionnée pardonnera les audaces de langage de son amant, si ces audaces frappent son oreille alors qu'elle est prête à tout, autant elle les repoussera si la plus mince lucidité d'esprit ou de sens lui permet d'en définir, d'en apprécier la brutalité. La femme veut être seule, ou dans la compagnie de personnes de son sexe, lorsqu'elle ouvre un livre défendu. Elle ne saurait admettre que, dans le calme de son être, on lui fît entendre des paroles qui la violent, comme pourrait la violer quelque bête humaine en quête de sensualité. L'amant qui n'a pas le don de deviner l'instant où sa maîtresse n'a plus de pudeurs, est un faux amant, un amant manqué, et chantera rarement deux fois victoire sur la même redoute conquise. Les mots hardis, les mots crus, en amour—ces mots que l'on croirait glanés dans une encyclopédie diabolique—n'effraient donc pas, en principe, la femme qui se donne et que touchent les émois, les nervosités, les joies de la possession. Prononcés en leur temps, ils lui semblent comme le complément naturel de l'acte qui s'accomplit, comme l'accompagnement obligé et impulsif des caresses qu'elle reçoit. Si elle n'ose les dire elle-même, elle les écoute et leur arrache de la volupté; si elle est assez enthousiaste ou assez initiée pour ne pas craindre de les répéter, elle en tire une sorte de jouissance qui, la faisant vibrer, moralement et physiquement, se communique à l'amant et double ses facultés passionnelles. Il est une remarque, fort importante, en amour: certaines caresses demandées ou offertes, dans le langage habituel de la correction mondaine, ne seraient jamais obtenues ou acceptées. Prises ou proposées, dans l'irritante folie d'une parole, elles naissent spontanément.

Je ne suis pas un philosophe, mais si j'en étais un, je m'amuserais à étudier l'influence du langage réaliste, sur la femme, dans la possession. Il y aurait, sur ce sujet, un bien suggestif chapitre à écrire. D'où vient cette exaltation intellectuelle, d'où vient cette ivresse physique qui découlent du mot cru, du mot polisson—pourquoi bouder sur un qualificatif?—en amour?

Je ne suis, hélas, qu'une pauvre petite femme curieuse que l'on s'accorde à ne pas trouver trop laide, et ce sont là questions de doctes savants. Cependant, s'il m'était permis d'exprimer mon avis, à cet égard, je n'hésiterais pas à déclarer que la recherche ou que l'acceptation du langage réaliste, pendant l'abandon, chez la femme, est liée au désir habituel qui la mène, dans les occasions les plus infimes comme les plus graves de la vie, vers un au-delà sans cesse entrevu, sans cesse fuyant—vers cet au-delà qu'elle place, obstinément, en toute chose et qu'elle tente vainement de saisir. Il y a, pour la femme, de l'Inconnu, dans le vocabulaire dont je m'entretiens—un Inconnu qui dérange son éducation, ses mœurs, l'ordinaire train de son existence—un Inconnu qui jette l'effroi en son âme, qui met un frisson en sa chair; et c'est cet Inconnu qui la trouble, dans son mystère même brutal, qui l'indigne peut-être lorsqu'elle en évoque la sensation, mais qu'elle souhaite comme un auxiliaire de sa joie, lorsqu'elle revoit l'amant. La volupté naît, chez la femme, de mille sentiments, de mille sensations divers qu'elle-même aurait beaucoup de peine à démêler. Dans le cas présent, la bousculade de sa vie, l'énigme qui la traverse, fougueusement, aux heures de crise amoureuse, développent, en elle, le germe du plaisir, et si l'on ajoute à ces éléments multiples, qui forment la source de son bonheur, l'instinct qui la porte à connaître, à s'assimiler les choses dont, publiquement, s'éloignent sa délicatesse d'âme, son affinement charnel, on aura peut-être le secret très simple de ses plus ardents émois.

J'avoue, sans trop rougir, devant ces pages de mon carnet, que j'éprouve un peu de toutes ces impressions, quand M. de Nailes... Mais, chut!... M. de Nailes serait furieux s'il pouvait se douter que je dissèque ainsi nos amours.

CHEZ LE COUTURIER

Yvonne et Mme de Sorget sont venues me chercher, cette après-midi, et ensemble nous sommes allées voir une chose extraordinaire: le nouveau salon d'essayage de Riffle, le grand couturier, chez qui je n'avais pas mis le bout du nez depuis longtemps. Ce salon d'essayage vaut la peine d'être connu, en effet, et va prendre place parmi les curiosités du Paris élégant.

Habituellement, dans les maisons de couture, l'essayage se pratiquait d'une façon à peu près naturelle—très naturelle, même, si l'on applique ce mot au dévêtement dont il est l'occasion.

Les femmes attendues pour la retouche d'une robe, d'un manteau, étaient introduites en de petits salons ou cabinets ornés de glaces, de quelques meubles plus ou moins luxueux, d'un guéridon sur lequel se trouvaient, gentiment disposés, des rafraîchissements et de menues friandises.

Une jeune personne, coquette et jolie le plus souvent, nous aidait à nous déshabiller, puis à nous couvrir du vêtement en cours d'exécution.—Le maître se présentait, allant d'un cabinet à l'autre, par ordre d'arrivée des clientes, jetait un coup d'œil sur l'ensemble de la toilette qui lui était commandée, rectifiait une ligne ici, un point là, et saluant gravement, sans avoir prononcé un seul mot, parfois, se retirait. Cette manière de procéder était imposante peut-être, mais manquait essentiellement d'attrait. La sécheresse, l'indifférence apparentes du maître qui ne daignait même pas remarquer que les femmes qu'il visitait, ainsi, étaient souvent à moitié nues, offraient aux regards des splendeurs physiques qui eussent ému un saint, la sécheresse, l'indifférence affectées de l'artiste étaient correctes sans doute, mais laissaient à l'essayage, tout son côté d'ennui, toute son impression de corvée.

Riffle, qui est un malin, s'est dit que ce moyen de prendre la mesure des femmes et de les parer, était usé, et il a imaginé une chose inouïe, un truc merveilleux pour les distraire en même temps que pour leur être utile.

Il a supprimé les petits cabinets en lesquels on nous enfermait jadis, et son salon d'essayage est devenu un véritable théâtre.

Je ne plaisante pas. Je sors enthousiasmée de chez lui et Yvonne, Mme de Sorget, ainsi que moi, lui avons commandé une toilette de bal tout exprès pour expérimenter, par nous-mêmes, son invention.

Voici en quoi elle consiste.

Dans la vaste maison qu'il occupe, Riffle, dans le plus absolu mystère, a fait construire une mignonne, une minuscule salle de spectacle éclairée à l'électricité, avec scène, fauteuils et quelques loges-baignoires.

On s'installe là comme au Vaudeville ou au Gymnase et l'on attend.

Je n'ai pas besoin de déclarer que la consigne est des plus sévères, chez Riffle, pour être admis à l'essayage d'une cliente. Les seules personnes, amies de cette cliente et acceptées par elles, sont autorisées à entrer dans la salle et à y séjourner.

Cette après-midi, nous avons eu comme une sorte de répétition générale, et c'est l'une des plus charmantes filles de la maison qui a simulé la cliente. Nous étions une quinzaine de femmes du monde et, dans les loges-baignoires, se cachaient, nous a-t-on affirmé, deux ou trois cocottes de haute volée. Malgré tous mes efforts pour les dénicher, je n'ai pas réussi à les apercevoir.

Donc, on attend, et quand le moment solennel est venu, on se trouve subitement plongé dans l'obscurité la plus complète.

Mais un voile formant rideau s'écarte à droite et à gauche du spectateur, une rampe ainsi qu'une herse s'allument soudain, et la scène apparaît étrangement agencée. Elle est tendue de drap noir mat, sur toutes ses faces, et le tapis qui couvre le plancher ainsi que le plafond sont de la même étoffe.

Dans un angle—je ne sais si c'est du côté cour ou du côté jardin, étant peu initiée aux choses des coulisses—un jeu de glaces habilement dissimulées permet à la personne qui essaie de se rendre compte de sa parure.

Lorsque tout est bien préparé, la cliente fait son entrée sur la scène, par une ouverture qui se referme aussitôt derrière elle.

La herse et la rampe s'éteignent, alors, et un jet unique de lumière électrique tombe sur la femme et la suit dans les évolutions, dans les poses, dans la marche, dans tous les mouvements que lui indique Riffle, qui, placé au dernier rang des fauteuils, est attentif aux moindres détails de sa féerie, car c'est bien une féerie qu'il offre ainsi aux familiers de sa maison.

La belle fille qui tenait lieu, aujourd'hui, de cliente essayeuse, portait une robe de bal très piquante et sa nudité était presque entière. Son corsage, ajusté à une simple ceinture qui moulait ses reins et ses hanches, s'avançait jusqu'à la naissance des seins et était dépourvu d'attaches pour les épaules. C'est par un miracle d'équilibre et de coupe qu'il se faisait décent vers le haut et dans l'ombre des bras.

Yvonne m'a dit, tout bas, que Riffle a eu là une idée géniale, et que s'il était un homme sans préjugés, il pourrait, par elle, gagner beaucoup plus d'argent qu'avec sa couture. On le paierait cher, paraît-il, pour assister aux exhibitions de son salon d'essayage, sans le consentement des femmes qui s'y montreront.

Cette réflexion d'Yvonne m'a effrayée. Si Riffle, en effet, allait se servir de nous pour augmenter sa fortune?... On n'est jamais sûr de rien avec ces couturiers. Ils savent tant de choses, ils sont si adroits, si parisiens, ils connaissent tant de nos secrets! Ne s'en rencontre-t-il pas qui nous en inventent, lorsque nous ne leur en fournissons pas?—Mais non, Riffle est un brave homme et n'abusera pas, pour la plus grande... émotion de vieux messieurs, de notre beauté.

C'est une grande demi-mondaine, Aline de Dreux—ces demoiselles empruntent leurs noms aux rois—qui a eu la primeur du théâtre Riffle. Elle s'y est présentée, nous a-t-on raconté, dans le plus provocant des déshabillés: en maillot chair extrêmement collant et sans le plus léger voile aux endroits qui, ordinairement, s'étoffent discrètement. Elle a imité, avec des gazes, avec des écharpes de couleurs diverses, la fameuse danseuse Loïe Füller, et ses amis ainsi que ses amies lui ont fait une ovation.

On ne s'ennuie pas, en vérité, chez Riffle. Son invention me semble devoir obtenir un immense succès; elle plaira certainement aux femmes qui ne craignent pas qu'on critique trop leurs épaules, leurs bras ou leurs jambes. Mais elle soulèvera des clameurs indignées, j'en suis convaincue, parmi celles qui sont obligées d'avoir recours aux artifices du maître, pour corriger leurs imperfections physiques.

Yvonne, qui est malicieuse, se promet de mettre à la mode le théâtre de Riffle et d'y organiser comme une sorte de concours de beauté.

Pour donner du courage aux timides, elle veut convier le ban et l'arrière-ban de ses amies, à son prochain essayage.

Par elle, l'essayage va devenir un sport, je le parie.

Je ne sais si je l'imiterai. Si j'ai cette audace, je n'irai pas la confesser à... mon mari?... Non; mon mari n'a nulle inquiétude de mes actions; à M. de Nailes qui a toutes les indulgences pour mes péchés, mais qui, je le devine, ne me donnerait pas l'absolution de celui-là, puisqu'il n'en profiterait pas.

IMPUDEUR DE LA FEMME
CHEZ LE COUTURIER

En dehors des singularités, des attractions que l'on rencontre chez Riffle, la question du couturier, du tailleur pour femmes, inspire quelques réflexions.

Au premier rang de ces réflexions, apparaît celle qui concerne la pudeur—notre pudeur dont nous sommes si jalouses envers ceux qui nous fréquentent, dans le commerce habituel de la vie, et que nous semblons oublier, totalement, dès que nous posons le pied sur le parquet de l'un de nos «grands faiseurs.»

A partir de la minute où une femme entre chez le couturier, elle se sent prête à obéir au moindre de ses ordres, en effet, à révéler à ses coupeurs les secrets de sa chair, et elle ne suppose pas qu'elle doive même rougir de se mettre nue devant eux.

La pudeur de la femme, comme tant d'autres choses qui la touchent ou qu'on lui prête, ne résulterait-elle que d'un sentiment conventionnel? Je serais presque tentée d'adopter cette opinion, si je compare l'attitude de la femme, chez son couturier, à celle qui lui est particulière dans le monde—au bal, au théâtre, dans un dîner.

Elle se déshabille autant qu'elle le peut—et non plus dans un but d'utilité personnelle, mais pour la joie ou dans l'espérance malicieuse d'éveiller des désirs—lorsqu'elle va manger en ville, lorsqu'elle va entendre un opéra quelconque ou lorsqu'elle se dispose à danser.—En ce dernier cas, même, elle se livre davantage, puisqu'elle s'abandonne, dévêtue, au bras du premier valseur qui passe à la portée de sa jupe, puisqu'elle lui permet de la saisir, de perdre, quelquefois, l'esprit, sous l'irritation nerveuse qu'elle provoque en lui, de vivre, durant l'espace de quelques instants, des effluves qui s'échappent d'elle, de son intimité physique.

Cependant, il y a une nuance à observer dans le déshabillé, dans le défaut apparent de pudeur, chez la femme placée dans le cabinet du couturier, dans les salons, et en la seule présence d'un homme de son monde.

Chez le couturier, au bal, au théâtre ou dans un dîner, il n'y a pas impudeur à se montrer nue, parce que: premièrement, chez le couturier, la femme, dans une vision spéciale des choses—du sexe, surtout, de celui qui la touche, qui la regarde, fait abstraction de son intimité et ne tient aucun compte de «l'animalité» de l'homme, qui est auprès d'elle.—Cet homme, en sa pensée, n'est pas de ceux qui la peuvent prendre, qui la doivent prendre plutôt, et l'idée qu'elle pourrait lui appartenir, subir, accepter son amoureux hommage, ne la trouble nullement; secondement, dans les salons, la femme s'offrant à tous et non à un seul, perd le sens mystérieux de sa pudeur, et il lui semble être autant protégée, dans cette pudeur, par les cent yeux qui la voient que par le plus impénétrable de tous les voiles.

L'indépendance passionnelle qui défend la femme, contre tout risque, dans ces circonstances, n'existe plus lorsqu'elle se trouve, dévêtue et seule, en face d'un homme de son monde. Elle sait, elle a la certitude, alors, que cet homme est de ceux qui la peuvent prendre, qui doivent même tout essayer pour la prendre, et sous son unique regard, elle se sent possédée autant que si elle se donnait.

S'il y a, donc, convention dans le principe de pudeur chez la femme, il est juste de remarquer que cette convention n'est pas absolument exempte de raisons sérieuses et plausibles.

Il peut arriver, pourtant, objectera-t-on, que chez le couturier, une femme soit exposée au désir d'un homme qui, tout en la mesurant consciencieusement et selon son devoir professionnel, ne saura dissimuler son... émotion et ne restera point, bêtement et seulement, un couturier.

Le fait n'est pas improbable et c'est, en cette occasion, à la femme qu'il appartient d'en demeurer maîtresse ou de se laisser séduire par une bizarre curiosité.—Si elle accepte le fait, je crois qu'elle en fera l'examen avec la même insouciance de sa réelle pudeur, avec la même impersonnalité, que si elle s'apprêtait à un... essayage ordinaire. Qu'elle croise, dans la rue, celui qui l'aura ainsi connue, j'affirme qu'elle n'en aura cure et qu'elle ne rougira point davantage, devant lui, que si au lieu d'une caresse, il avait posé sur elle l'habituelle longueur de son mètre. Il n'en serait pas de même avec un homme de sa caste qui aurait vécu, avec elle, l'une de ses heures intimes.

La marquise d'Oboso nous racontait, récemment, que l'une de nos amies dont elle s'est obstinée à taire le nom, a été l'héroïne d'un événement de ce genre.

Elle essayait une culotte de cheval, chez Troost, la voulait très collante et retenait auprès d'elle, plus que la prudence ne l'autorisait, le coupeur—un très gentil garçon—qui l'habillait.—Celui-ci fut audacieux, eut la main prompte, et souhaita d'examiner mieux et de plus près les choses que lui révélait le collant de la trop suggestive culotte. Notre amie était-elle, ce jour-là, sous l'influence de pensées spéciales ou bien cherchait-elle, plus simplement, l'aventure qui venait à elle?—Cette dernière hypothèse me paraît plus vraie si l'on songe qu'elle ne sortit de chez Troost qu'après y avoir laissé le meilleur d'elle-même.

Elle eût dû être satisfaite.—Eh bien, le piquant de l'histoire ne consiste pas dans la «passade» qu'elle s'est offerte, mais dans le sentiment qu'elle éprouva à la suite de cette équipée. Elle se montra furieuse contre elle-même, d'abord, de sa faiblesse; contre son séducteur, ensuite, à cause de sa sottise.

Si l'on s'en rapporte, en effet, à la confession de la pauvre victime de cet oubli, le beau coupeur fut très au-dessous de ce qu'il semblait être, et si le rêve qu'il promettait était d'une forme acceptable, la réalité qu'il offrit fut désastreuse— laide et niaise.

Le conte est amusant et j'en ai beaucoup ri.—Ne rappelle-t-il pas la fable de certain renard qui se moque d'une magnifique tête qui n'a point de cervelle?—Notre pauvre amie pourra la méditer, à son aise, désormais.

Il y aurait bien des paroles à dire sur cette question de la pudeur féminine appliquée aux usages courants de la vie.

En résumé, les hommes, nos maîtres, seraient mal venus à nous reprocher l'insouciance que nous manifestons à cet égard. L'instinct de la pudeur, chez nous, est ce qu'ils ont désiré qu'il fût, en définitive.—Pourquoi ne nous accompagnent-ils pas, chez le couturier, et pourquoi déclarent-ils qu'une robe ne nous habille bien qu'autant qu'elle ne nous habille pas?

Gustave Droz cite un gentil ménage en lequel c'était le mari qui prenait les mesures des formes de sa femme, et qui les criait au couturier caché dans une pièce contiguë à celle où avait lieu l'essayage.—Ce mari-là était sage et la petite femme qui était la sienne avait, certainement, une opinion de la pudeur, différente de la nôtre.

Mais combien de maris sont pareils à celui de Gustave Droz, et s'il en existait ne les aimerions-nous pas trop?

LA NUANCE INTIME DE LA FEMME

J'ai vu M. de Nailes, aujourd'hui, et il a été, comme toujours, charmant. Je veux bien, dans ce carnet, consigner les diverses impressions qui émeuvent ou qui charment ma vie mondaine, mais je me suis imposé la règle de ne jamais mentionner le récit détaillé de mes rencontres avec mon ami. Je ne parlerais donc pas de notre entretien d'aujourd'hui, si vraiment cet entretien ne se rattachait, par la passionnelle philosophie qui s'en dégage, aux quelques pages qui précèdent. Pour la première fois, en effet, j'ai discuté avec M. de Nailes et traité avec lui l'une de ces questions d'amour qui me sont familières avec Yvonne ou auxquelles sait si bien nous intéresser la marquise d'Oboso.

Cette question est un peu scabreuse et elle est de celles qu'un homme doit savoir mieux expliquer qu'une femme, il faut le dire, car elle se rapporte tout entière à des sensations particulières que l'homme seul peut éprouver dans la possession. Elle est relative à l'influence exercée par la couleur—le brun, le blond ou le roux—chez la femme, sur le désir de l'amant.

Je suis brune et M. de Nailes m'a déclaré que ses préférences sont pour le brun. J'ai pensé qu'il ne s'exprimait ainsi que par galanterie et je me disposais à n'accepter son opinion qu'avec réserve. Mais il paraît qu'il a été très sincère en la formulant et il m'a prouvé que son choix est raisonné.

Je vais essayer de reproduire ses paroles ou plutôt de résumer ici notre conversation.

Dans leur aspect visible, c'est-à-dire dans leur chevelure, toutes les femmes, quelle que soit la nuance qu'elles portent, se valent et sont, au même degré, susceptibles d'éveiller le désir.—Le piquant d'une tête brune, la poésie d'une tête blonde, l'étrangeté d'une tête rousse, ont d'égales chances d'être choisis par l'homme et, s'il ne s'arrête qu'à cette extériorité féminine, il ne saurait, faisant abstraction de ses dispositions personnelles, donner loyalement de prix plutôt à l'une qu'à l'autre des femmes qui la possèdent.

Si l'on veut se rendre un compte exact de la valeur sensuelle de la femme, il est nécessaire d'entrer en son intimité et c'est de la couleur réelle de cette... intimité que résulte le plus ou le moins de passion physique qu'elle inspire.

Le blond et le roux, chez la femme, ont de grandes analogies quant aux impressions qu'ils provoquent, si j'en crois M. de Nailes, le roux n'étant qu'une accentuation outrée du blond. Cependant, un homme peut trouver dans l'un, peut demander à l'autre, des pensées différentes.

Le roux, par exemple, dans la rutilante irritation qu'il fait naître, ne convient qu'aux natures bizarres et enthousiastes. Sa tache étant plus nette, plus précise, sur le corps, que celle du blond, fixe mieux l'imagination et attire le regard ainsi que le geste, avec plus de résolution. Il ferait, par là, comme une sorte de concurrence au brun; mais il diffère du brun en ce qu'il invite à un entraînement plus capricieux, plus temporaire, en ce qu'il n'a point le don d'immobiliser l'ardeur de l'amant, en ce qu'il ne laisse aucune place à l'intellectualité. Le roux est comme une fleur sauvage que l'on respirerait avec délices, dans la montagne, comme une algue précieuse dont on goûterait la saveur, sur quelque grève, mais qui ne retiendraient ni la volupté, ni le souvenir du promeneur. Cette définition du roux, chez la femme, ne signifie pas que cette nuance ait, en amour, une infériorité. Il n'y a pas d'infériorité, dans les choses d'amour comparées les unes aux autres. Elles renferment une même somme de séductions, de jouissances, et les préférences qui les distinguent ont leur cause, simplement, dans leur généralité plus ou moins étendue.—Le roux est plus rare que le blond et que le brun; il n'a point, comme eux, à son actif, l'habitude de l'homme et, si je voulais le flatter, je dirais que la superficialité apparente qui l'enveloppe est la marque d'une aristocratie passionnelle. M. de Nailes m'a paru assez bien résumer l'impression de l'homme, à cet égard, en affirmant que la femme rousse ira au plus profond d'un cœur masculin, en deux heures, tandis que tout un jour, que toute une nuit, suffiront à peine à la femme blonde ou brune pour connaître la valeur d'un amant. Avec la femme rousse, on prend le train express de l'amour. C'est le train omnibus avec sa sœur blonde ou brune.

L'intimité blonde, chez la femme, est trompeuse. Dans sa discrétion, dans sa modestie, dans sa timidité, elle semble être contraire à toute violente émotion, à tout abandon trop complet ou trop rapide. Si l'on s'en tenait à cet aspect, on jugerait vite ainsi. On jugerait mal, pourtant. Il est des femmes blondes qui sont des simples ou des insensibles, même, en amour; mais si l'on considère la femme blonde d'une façon absolue, il faut s'empresser de reconnaître qu'elle a toutes les fougues, tous les énervements des rousses et des brunes. Elle ne leur ressemble pas dans l'expression de sa joie, et c'est peut-être là ce qui a contribué à accréditer la fausse légende de son indifférence passionnelle.—Elle met de la douceur, dans son abandon, et cette douceur est l'une de ses plus vraies séductions.—La blonde ne saurait faire naître, chez l'homme, cette vivacité, cette spontanéité, dans le désir, que la rousse et que la brune, dans un mode différent, jettent en lui. Le charme paisible et affiné du blond l'invite à des épanchements modérés, mais qui portent en eux une profonde satisfaction.—Le blond est la nuance intellectuelle de l'amour. S'il n'exige aucune violence de gestes ou de paroles, aucune perversion dans le plaisir—auxquelles il n'est nullement réfractaire, d'ailleurs—il dépose en l'âme de l'amant des pensées d'éternité, des impressions fortes de tendresses. Le roux fera d'un homme une sorte de satyre pâmé dans la frénésie de la possession. Le blond en fera un poète et les rimes qu'il rêvera, alors, pour être harmonieuses, n'en seront pas moins puissantes.—Le roux et le brun ne permettent point à l'homme, dans la minute suprême du bonheur, dans la joie partagée dont elle est pleine, de jouir consciemment de son exaltation et de celle de sa maîtresse. Le blond lui laisse cette faculté. Dans l'union de la chair et de l'âme, il permet à l'homme d'éprouver un plaisir double—de goûter, par le regard, la frémissante ivresse qui s'empare de la femme, en même temps qu'elle se communique à tout son être. C'est en cela, surtout, qu'est la caractéristique de l'intimité blonde de la femme. Cette intimité est, en outre, sculpturale. Elle ne coupe pas la ligne de son corps par la violence de sa tache. On peut presque affirmer que l'homme épris d'une femme blonde est intelligent, est un écrivain original ou un artiste délicat.

Je suis brune, je l'ai dit, et je me vois embarrassée pour reproduire, sincèrement, les paroles de M. de Nailes sur le brun, chez la femme.—La femme brune, selon mon ami, est l'amoureuse par excellence. Elle a toutes les qualités passionnelles de la rousse et elle peut s'assimiler toutes les qualités sentimentales de la blonde.—Elle est ardente, elle met de la fièvre en son baiser et elle ne se refuse pas, suivant l'éducation sensuelle qu'elle a reçue, au charme doux, à la légèreté de la caresse.—Son intimité qui s'affirme violente, attirante, est l'un de ses attraits les plus puissants. L'amant ne résiste pas à son magnétisme. Il va vers elle, dans l'entraînement de tout son corps, de tout son esprit. Il se dégage, de cette intimité, d'imaginatives images qui le rendent fou, et il s'abîme en elle comme en un rêve trop fortement vécu.—Ce que l'homme n'a pas le loisir de tenter avec la rousse, dans la rapidité de mouvement qu'elle lui commande; ce que l'homme n'ose pas demander à la blonde, dans l'apparente chasteté de son attitude, il le goûte avec la brune. Il lui offre et lui arrache la caresse perverse et savante qui met du délire dans la possession; il la prend toute, par le geste et par la voix. Il l'initie aux audaces charnelles comme aux hardiesses de langage. Le sentiment qu'inspire le blond—l'immuabilité dans l'amour—acquiert, en face du brun, une acuité plus intense. On a remarqué, en effet, qu'une liaison brune a une durée plus longue, plus stable qu'une liaison blonde. La femme brune, on ne saurait le contester, apporte une plus grande diversité de sensations, en amour, que la femme blonde. Son baiser est exempt de monotonie, n'admet pas l'habitude.—L'homme trouve, en elle, chaque fois qu'il la rencontre, comme une maîtresse nouvelle, différente de celle qui lui a appartenu déjà, et cette multiplicité d'aspects accroît et maintient son goût, son désir. Mais c'est, surtout, par la tache accrocheuse, par la tache voyante de son intimité que la femme brune arrête la volonté passionnelle de l'homme. L'émoi physique que cette intimité, d'un charme mystérieux—intellectuel et matériel en même temps—fait naître, est absolu. L'homme se laisse saisir par lui, irrésistiblement. L'intimité brune de la femme est la nuance exaspérée de l'amour. Elle est, si l'on veut accepter cette comparaison—comme le rouge qui attire l'attention du taureau, le fait meugler, l'appelle, le mène, fatidiquement, vers la joie ou vers la mort.—Le brun, chez la femme, dans une autorité qui ne s'explique pas, ou plutôt qui ne s'explique que par l'existence d'affinités physiques ignorées des philosophes ou des savants, s'impose aux sens de l'homme et s'en empare sans lui permettre de se dérober à son attraction.—La loi de la pesanteur est l'une des lois qui dirigent le monde.—Il y a des lois, en amour, aussi, et celle de la couleur intime de la femme est l'une d'elles, auxquelles il est impossible d'échapper.

Telle est la leçon de physiologie et de psychologie amoureuses que m'a donnée, aujourd'hui, M. de Nailes. Est-elle concluante?—Un nouvel et moderne aréopage seul pourrait, sur un tel sujet, se prononcer. Mais quelles sont les Phrynés qui se prêteraient à son examen?

———————

LES JEUX DE L'AMOUR

Je ne sais quel ignorant, quel sot ou quel morose a dit, dans l'aigre satisfaction de calomnier l'amour—la femme, surtout, qui en reçoit directement l'empreinte—que toutes les femmes se ressemblent dans la possession, dans la recherche et dans l'expression du plaisir, dans la façon de le donner aussi.

Rien n'est moins exact que cette opinion. Celui qui l'a émise n'avait guère aimé et n'avait jamais été aimé, sans doute.—La pratique habituelle du baiser lui aurait inspiré un avis plus réfléchi en ce qui concerne la femme. N'eût-il même connu qu'une seule femme, en sa vie, il eût tiré de sa liaison, une expérience assez complète des attitudes d'une amante, dans l'intimité, pour s'éviter la boutade ridicule et faussement misanthropique qui l'a rendu célèbre.

Cet homme m'apparaît comme un cuisinier qui n'aurait su accommoder un gibier que d'une seule manière et qui l'aurait servi, à ses maîtres, sans cesse entouré de la même sauce. Les maîtres s'en seraient fatigués et ils auraient eu raison.

Il eut une compagne, peut-être, une fois, en son existence; il l'aima méthodiquement, conventionnellement, sans le souci aimable de varier les témoignages secrets de sa tendresse et comme de la monotonie, de l'insuffisance de sa science, il résulta un ennui, une indifférence, une lassitude, chez celle qui partageait ses heures, il s'en prit à la malheureuse de la déception que lui apporta l'amour, alors qu'il aurait dû juger sainement et condamner la médiocrité de ses procédés.

Daphnis et Chloé qui étaient des primitifs, n'imaginaient-ils pas cent manières diverses de s'adorer, sans réussir à mettre une conclusion à leurs entretiens? Malgré leur naïveté, ils étaient des docteurs ès-sciences comparés au philosophe bilieux auquel je viens de faire allusion.

Contrairement à son appréciation, je crois qu'aucune femme ne se ressemble dans l'offre et dans la réception du baiser; je crois que c'est avec chacune, une étude nouvelle à tenter, une observation à noter, non seulement au point de vue intellectuel, mais aussi au point de vue physique.

Chaque femme a, en amour, son attitude préférée pour goûter la joie que lui communique l'homme. Et, par là, même, déjà, elle présente des marques particulières et non contestables qui la révêtent, dans l'intimité, d'une originalité toute personnelle.

Elle ne provoque pas, certes, quoique le souhaitant, le savoir de l'amant. Mais si cet amant n'est pas un niais, il sait deviner sa pensée inavouée et il s'efforce à la satisfaire.

La femme, en amour, veut être étonnée sans cesse, a l'horreur instinctive de la chose admise, apprise et répétée. Elle exige un au-delà toujours nouveau, comme le viol reproduit à l'infini, de sa pudeur. C'est dans ce sentiment que lorsqu'elle paraît vouloir se dérober à l'initiation plus accentuée de la possession, elle ne doit pas être entendue, obéie, car elle est prête— l'amant peut en être certain—à accepter toutes les surprises.

Cette dissimulation, chez la femme, n'est pas ignorée des amants adroits et ils font devant elle ce que font les bons conteurs devant un auditoire attentif.—Ces derniers se gardent bien, malgré les sollicitations qu'on leur prodigue, de dire, en une causerie, toutes les histoires qui sont en leur mémoire, et ils s'arrangent de façon à pouvoir intéresser, chaque fois, par une anecdote neuve—même s'ils ont réédité l'anecdote de la veille.—Les amants adroits agissent ainsi: ils apportent des changements en leurs baisers; ils les font anecdotiques.

La femme est ce que la fait l'amant et celle qui a la chance d'appartenir à un sensationiste, agrée non seulement avec joie ses leçons, mais se révèle dans toute la puissance, dans toute la spontanéité des impressions qu'elle subit, comme une très personnelle amoureuse.

Yvonne me disait, récemment, que tout dans la femme, est bon pour l'amour, que tout, en elle, est fait pour la caresse, que tout ce qui est elle, physiquement, doit concourir à la recherche ainsi qu'à la réception du plaisir.

Cet absolutisme, dans la possession, cette généralisation de la sensibilité féminine, m'ont tout d'abord un peu effrayée. Je reconnais, maintenant, qu'Yvonne a parlé avec vérité et qu'il n'y a rien que de très délicieux, dans cet abandon entier de la femme à celui qui la désire.

La femme est toute intimité, et nulle partie, nul recoin de son intimité ne doivent être négligés par l'amant.

La femme que l'amant dédaigne, oublie de visiter en les plus mystérieuses retraites de son corps, n'est point, réellement, à celui qui la fréquente ordinairement, et elle le délaissera, sûrement, en une heure de curiosité trop nerveuse.

J'ai lu, quelque part, qu'un homme à qui on avait présenté sa femme, nue, mais la tête recouverte d'un épais voile, au milieu d'autres femmes pareillement dévêtues et masquées, ne l'avait pas reconnue.

Cet homme, évidemment, était un primitif, en amour, et la stabilité de son intimité conjugale devait être fort compromise.

Il aimait sa femme, peut-être; mais il l'aimait mal, puisqu'il ne l'aimait que dans la nuit de son alcôve et dans celle de ses sens, puisqu'il l'aimait avec simplicité.

L'amour—l'amour passionnel—veut la complication charmante de la caresse, veut la diversité dans l'acte qui le caractérise.

Qu'on ne vienne pas me dire qu'en parlant ainsi, j'émets une monstruosité.

L'amour sentimental, platonique, dont les puritains vantent les vertus, se contente-t-il de la même chanson, de la même élégie, du même son de voix?

Pourquoi refuserait-on, à l'amour physique, dans ses manifestations, la diversité de la sensation, alors que l'on accorde à son timide frère, l'amour platonique, la diversité des sentiments?

La chair, qui est visible, n'a pas moins de droits que l'âme qu'on ne voit pas, et si l'on trouve bon que l'une aime à écouter différents modes de concerts spirituels, on ne peut trouver mauvais que l'autre souhaite d'éprouver des émois qui ne se ressemblent pas.

L'abbé de Mervil serait ou paraîtrait scandalisé par cette théorie. Mais l'abbé de Mervil qui est terrible, dans son confessionnal, serait plus indulgent aux pénitentes s'il y avait une Cour, en France, encore, et s'il en était. Je la lui ferais connaître, alors, ma théorie. Et je suis convaincue qu'en humant une prise, il se donnerait le temps de la comprendre et de... l'approuver.

———————

LES SENSATIONISTES

Il est, paraît-il—c'est la toute blonde Mme de Sorget qui a fait cette révélation—c'en est une pour moi—dernièrement, chez la marquise d'Oboso—un genre de femmes amoureuses que caractérise un qualificatif tout spécial. On les appelle et elles s'intitulent des sensationistes.

Une sensationiste, cela se comprend, est une femme qui dédaigne les choses convenues, acceptées; qui pour se rendre à Rome, par exemple, passerait par le pôle Nord, au lieu de monter tout simplement en wagon, à Paris, et de se laisser voiturer vers son but.

Ce n'est donc pas sur le *mot* que s'est engagée la discussion, mais sur le *fait*, c'est-à-dire sur les divers points passionnels qui constituent le sensationisme.

Cette discussion, en vérité, a été fort curieuse.

Après avoir énuméré les différents cas en lesquels une femme témoigne le besoin presque instinctif d'étrangetés, d'à-côtés, en amour, comme la circonstance où elle se fait conduire dans un mauvais lieu, «pour voir,» pour s'emplir le regard, ainsi que la pensée et tout l'être, d'images, de souvenirs qui l'écœurent, sans doute, mais qui l'exalteront en de certaines heures, comme la circonstance encore où frôlant, apercevant un beau gars, rustre ou élégant, elle se sent prise du désir irrésistible de lui appartenir, sachant parfaitement qu'elle l'oubliera après l'étreinte; après avoir énuméré, donc, ces différents cas de perversion sensuelle, Mme de Sorget a abordé la question d'une façon plus large, plus intéressante, plus directement liée à notre intimité, à nos mœurs.

Et l'éternelle histoire de la femme inconstante, de la femme qui change d'amants comme de gants, a été soumise à nos délibérations.

Bien des opinions ont été formulées soit en faveur, soit en défaveur de la femme infidèle. Je ne les reproduirai pas et me contenterai de résumer les conclusions qui ont clos notre dispute.

Une femme, si je m'en tiens à ces conclusions, reste friande du même baiser ou recherche la caresse de lèvres sans cesse nouvelles.

Si elle est d'une nature calme, passive, si elle est une instinctive satisfaite, exempte de toute inquiétude charnelle, elle ne trompe point l'ami qu'elle s'est choisi et il n'y a pas lieu de la féliciter de sa sagesse, puisque cette sagesse n'est qu'un corollaire de son tempérament.

Si, au contraire, elle est une curieuse, une assoiffée de science amoureuse, elle ne peut—en prît-elle la résolution—demeurer fidèle, observer la correction d'allures qui distingue la femme uni-passionnelle et, dans le dérèglement de son existence, il n'y a pas lieu davantage de la blâmer de son ardeur au plaisir—à un plaisir toujours neuf—puisque cette ardeur découle fatalement de l'entraînement de ses nerfs.

C'est une sensationiste et, comme telle, elle se dérobe à toute loi sociale ou mondaine, à toute chose consacrée par l'approbation, par le respect de la foule.

Il est, en chimie, des corps simples et des corps composés. Or, il est en amour, également, des femmes simples et des femmes composées—compliquées serait mieux. Les premières sont les sages, les secondes sont les dissipées—les sensationistes. De même qu'en chimie, on traite les corps selon leur nature exacte, il paraît juste qu'en amour, on traite les femmes selon l'aspect qu'elles présentent.

Il est admis qu'un homme peut, sans inconvénient, connaître plusieurs femmes, non seulement en sa vie, mais dans l'espace d'une même journée. On n'oppose aucune remontrance aux désirs qui le portent vers les unes et vers les autres—vers les brunes et vers les blondes—suivant l'inspiration ou l'aspiration des heures, et l'on excuse même ces désirs en disant de celui qui les manifeste:—«Il redoute la monotonie,»—une phrase bête, comme les phrases toutes faites, remarquons-le, en passant. Si la phrase est bête, l'idée qu'elle souligne ne l'est pas, cependant. C'est, en effet, parce que l'homme a l'horreur de la monotonie qu'il va de femme en femme, comme l'oiseau de branche en branche. Il peut aimer sincèrement sa compagne habituelle, s'il est marié, sa maîtresse s'il a une liaison, et vouloir que son regard, que sa main, se tendent vers une, vers d'autres femmes. L'impulsion à laquelle il obéit alors a été décrite très psychologiquement de cent manières différentes et subtiles. Elle ne demande pas tant de discours, pas tant de rhétorique. Elle est simple et simplement explicable. L'homme est un sensationiste né, et sans réfléchir même aux instincts qui le mènent, il agit sous l'influence de leur autorité. Lorsqu'il trompe sa femme ou sa maîtresse, il n'a nulle intention de ne plus l'aimer; il éprouve seulement le besoin de voir, de sentir, *d'apprendre* une autre femme que sa maîtresse ou que sa compagne. La femme qu'il possède, alors, dans l'absolu du trouble passionnel qu'elle lui communique, est pour lui l'X, l'inconnu, autant que celle qu'il a possédée, au temps lointain de sa virginité, l'a été. Il se rua, jadis, sur l'inconnu que lui offrait cette épouse éphémère, et il se rue, étant initié, sur l'inconnu, sur l'X aussi magnétique, aussi mystérieux, que lui montre «da femme nouvelle.»

Si donc, la recherche, la possession de «da femme nouvelle» sont permises à l'homme, pourquoi refuserait-on à la femme qui a ses mêmes inquiétudes, ses mêmes souhaits, ses mêmes violences sanguines ou nerveuses, son même besoin d'un contact ignoré, la faculté, le droit, l'excuse de se donner à «l'homme nouveau,» de goûter, par lui, des sensations multiples, de créer en lui cet X, cet inconnu qui fertilise la sève épuisée de don Juan?

La femme qui change d'amants n'est pas plus coupable—passionnellement—que l'homme qui change de maîtresses. Elle a, comme lui, l'impérieux vouloir de sensations et elle tourne ses lèvres vers les dieux ou vers les démons qui sèment son jardin de fleurs toujours fraîches, aux parfums divers.

En matière de sensations, il serait malaisé, d'ailleurs, d'établir des limites aux pratiques des amants, de louer ceci, de condamner cela.

La femme qui se refuse, comme Mme d'Inguerland, par exemple, n'est-elle pas une sensationiste à sa façon et puisqu'on ne lui fait pas un crime de sa rigueur systématique, pourquoi répudierait-on celle qui trouve sa satisfaction dans la prodigalité, dans la facilité de ses baisers?

Mme d'Inguerland est un cas particulier, c'est entendu; elle est sans sexe, déclare le docteur Lescot, et réfractaire à l'acte effectif de l'amour. Mais combien de femmes, ainsi qu'elle, se plaisent dans un obstiné refus, sans avoir le prétexte d'une insensibilité pathologique? Ces femmes puisent une jouissance physique et morale à voir, à leurs pieds, un homme éperdu et à se dérober à sa caresse. Ce sont, elles aussi, des sensationistes, mais des sensationistes dont la perversion est mauvaise, comme en guerre avec toute humanité. Elles jouent à l'éternelle fiancée et elles tentent, dans un ordre de choses plus général, d'en perpétuer, pour leur intimité égarée en une déviation monstrueuse d'impressions, les exquises, inconscientes et chaudes alarmes.

M. Georges Ohnet a peut-être, sans s'en douter, inventé un jour une femme de ce genre, en silhouettant l'héroïne du *Maître de Forges*—Claire de Beaulieu, je crois. Cette femme était une sensationiste au rebours de la femme qui jette son cœur à tous les vents. Il est vrai que son attitude ne dura pas et qu'elle s'humanisa. Mais telle qu'elle nous apparaît, tout d'abord, elle est, je répète, une sensationiste. Que M. Ohnet l'ait faite ainsi, volontairement ou involontairement, sa conception n'est point aussi dépourvue de réel, d'intérêt qu'on l'a dite.

Entre ces deux espèces—pour parler comme les savants naturalistes du Muséum—entre la femme qui recherche des sensations en s'offrant à l'expérience de multiples amants, et la femme qui quête des impressions en provoquant à l'amour comme au travers d'une grille cadenassée et verrouillée, mon choix, dussé-je passer, à mes propres yeux, pour une petite folle, n'hésite pas: c'est la première—la femme au baiser vagabond—qui a toutes mes sympathies.

LES CURIEUSES

La femme qui, imitant l'homme en ses désirs passionnels, change d'amants au gré de ses inspirations, est une sensationiste d'un ordre très primitif, très élémentaire, au dire de Mme de Sorget. Il est des femmes qui appartiennent à une psychologie plus compliquée et que le docteur Lescot n'hésite pas à considérer comme des malades.—Je ne suis pas de l'avis du brave et savant docteur. A part les cas de bestialité repoussante que les bulletins des hôpitaux enregistrent, en matière passionnelle, et qui sont comparables à la déchéance morale ou physique des alcooliques, je crois que l'être sain de corps et d'esprit ne peut, pour cette raison qu'il recherche des sensations en dehors des faits généralement admis socialement, être classé parmi les fous ou les déséquilibrés. J'ai parlé des alcooliques. Leur exemple servira ma conviction. Un homme peut aimer à déguster de fines liqueurs, dans la mesure que lui permet son tempérament, sans pour cela être un alcoolique, sans pour cela être menacé, un beau jour, de se voir traîné à Sainte-Anne, dans une crise de *delirium tremens*. C'est de même en amour; un homme, une femme peuvent raffiner leurs plaisirs, peuvent multiplier autour d'eux les causes de leur satisfaction, peuvent faire de la volupté une chose complexe, sans pour cela tomber dans la bestialité, sans pour cela encourir la condamnation du savant, ce savant fût-il le docteur Lescot.

Les sensationistes sont, d'ailleurs, des intellectuels—ce qui écarte d'eux toute idée de bestialité—et appartiennent au monde élégant—ce qui les garantit de tout contact grossier.

Le ou la sensationiste éprouve, en effet, autant de joie morale, dans l'expression du désir, que de joie physique. Il ou elle spiritualise l'acte matériel de l'amour, ainsi que les caresses dont cet acte n'est que le complément final et obligé.

Si je ne craignais de paraître m'offrir à moi-même du paradoxe, je dirais que l'homme ou la femme que nulle émotion ne touche, en dehors du baiser classique et... canonique, que nul enthousiasme n'entraîne au delà des sentiers battus depuis que la terre est la terre, devraient, à plus juste titre que les virtuoses de l'amour, être accusés de bestialité. Ils agissent comme l'animal, en effet, et font l'amour comme s'ils accomplissaient une fonction naturelle, comme s'ils s'acquittaient d'une tâche quotidienne et ménagère.

Je ne pense pas que l'esprit de l'homme, que la beauté de la femme n'aient été créés que pour cette simple et patriarcale besogne. Je pense que l'esprit de l'homme, que la beauté de la femme ont été faits pour s'unir dans le génie inventif des attractions, des tendresses dont ils portent le germe.

En vérité, les conventions, les lois morales ou mondaines, sont fort bizarres, fort illogiques, lorsqu'on les examine de près.

Il est admis, sans difficulté, que la bouche, que l'œil, que l'oreille, que la main, que le nez, peuvent éprouver diverses sensations, dans la même heure, dans la même journée—que la bouche peut goûter de multiples friandises, que l'œil peut admirer plusieurs peintures, que l'oreille peut écouter différents morceaux de musique, que la main peut se plaire au contact d'étoffes dissemblables, que le nez peut humer dix parfums délicieux, par exemple, et il est défendu à tout l'être—à tous les sens réunis, et pourtant si indépendants lorsqu'on les sépare—de percevoir, dans l'amour, d'autres sensations que celles de la bête—que celles que se procurent, gentiment, sans doute, mais très primitivement, les petits oiseaux au printemps.

Je comprends peu l'ostracisme qui frappe ainsi la volupté dans ses manifestations libres et intimes.

Je comprends peu que l'on défende au baiser d'être varié, alors qu'on trouve aimable et bienséant de provoquer des sensations multiples pour la satisfaction matérielle ou intellectuelle de tout ce qui, en notre individu, s'en écarte.

Il y a des amoureux, de par le monde, et des gens qui ne le sont pas—car ce n'est pas être un amoureux que d'aimer une femme à la manière élémentaire de petits oiseaux. Il devrait donc exister des lois charmantes en faveur des premiers, des lois qui ne relèveraient que d'eux seuls. Le sort malin s'est amusé à les courber, au contraire, sous le joug tyrannique des insensibles. Ce sont les gens qui ne sont pas des amoureux qui ont réglementé la volupté et toute l'intellectualité, toute la passionnelle imagination que les sensationistes apportent dans leurs joies, ne sauraient prévaloir contre leurs arrêts maussades.

Cette un peu longue digression m'a été inspirée non seulement par les notes précédentes de ce carnet, sur la femme indépendante en amour, mais aussi par cette catégorie de sensationistes auprès desquelles, selon Mme de Sorget, la femme qui change d'amants est une «élémentaire.»

Il est des femmes, nous a-t-elle affirmé, que ne visite non seulement jamais le moindre sentiment de jalousie, mais qui ne se refusent pas, en de certaines heures passionnelles, à se compléter par une autre femme, dans le partage du plaisir que leur offre leur amant.

Ces femmes appartiennent, ainsi que je le disais plus haut, à une psychologie assez compliquée et qu'a priori il semble difficile d'expliquer.

Le sentiment qui les conduit, cependant, à se doubler ainsi d'une compagne, dans l'intimité, est analysable.

Il est le même, à peu près, que celui qui invite une femme à se multiplier en des miroirs, aux minutes de la toilette, pour mieux admirer, pour mieux goûter sa beauté, sa grâce. Il n'y a, ici, aucune perversion de pensée en elle. Je crois que cette perversion—telle qu'on serait tenté de la comprendre—est également exempte du désir qui mène une femme à se donner une compagne, à se doubler réellement, dans l'amour, comme elle se multiplie dans le jeu de ses miroirs, en son cabinet de toilette.

Elle ne saurait être jalouse, aussi des... paroles qu'échange alors son amant, avec cette compagne. Celle-ci, en effet, lui apparaît, dans un reflet imaginatif, comme une autre elle-même, vivante, palpable, et la tendresse qu'elle reçoit, elle la recueille comme si elle lui était véritablement adressée. *Elle a la vue* de cette tendresse et c'est là tout ce qu'elle souhaite d'obtenir, dans cette complication apparente, dans ce partage de son intimité.

Les sensations qu'elle peut ainsi éprouver peuvent assurément, si l'on tient compte de son état d'esprit, acquérir une grande acuité: elle aime comme si elle avait la faculté de donner deux baisers à la fois.

Devant les faits, en amour, on ne saurait témoigner de surprise qu'autant qu'on ne parviendrait pas à les concevoir. Je ne me sens aucun penchant pour les originalités des sensationistes, mais je ne les condamne pas, comme n'hésite pas à le faire le docteur Lescot, sous prétexte de monstruosités maladives, et je m'ingénie, au contraire, à démêler les impressions, les sentiments qui les animent.

Dans le cas qui m'occupe, je me trouve en présence d'une femme qui n'abdique rien, en somme, de sa nature, de sa féminité et si je n'approuve pas, pour moi-même, ses procédés, je ne me crois pas autorisée à les blâmer.

La sensationiste dont je parle n'a rien de la femme qui, reniant son sexe, cherche, en dehors d'elle-même presque, des satisfactions étrangères à l'amour. Elle pourra s'attacher à la compagne qu'elle aura choisie, la chérir même; mais elle ne s'attardera point, avec elle, en des clandestinités; mais l'affection, la passion qu'elle ressent pour son amant, ne souffriront en aucune façon de la dualité qu'elle s'impose.

Elle est consciente et inconsciente, à la fois, de l'étrangeté de son désir: consciente, en ce qu'elle a la volonté très nettement formulée d'en goûter la volupté; inconsciente en ce que, dans l'accomplissement de son contentement, elle perd la notion du moi et du non-moi, se trouble, passionnellement, au point de vivre la vie même de sa compagne.

Le cas est particulier, sans doute, mais il n'a rien d'odieux. Et si je ne redoutais de m'exposer à la réprobation des simples, je dirais qu'en amour, tout ce qui n'est ni odieux, ni grotesque, peut être sinon accepté, du moins envisagé avec quelque philosophique bienveillance.

LES COUPABLES

Pour qu'une femme consente à se doubler d'une compagne, dans l'intimité, comme je l'ai dit, il faut qu'elle soit ou très intelligente ou très perverse—qu'elle apporte dans la sensation qu'elle recherche ou une extrême compréhension de la vie amoureuse ou une très subtile curiosité.—Cette femme, on ne peut le nier, se trouve rarement et forme, dans la catégorie des sensationistes, une minorité.

Il est un genre de sensationiste dont la rencontre est plus fréquente, plus banale aujourd'hui. C'est la femme qui se laisse prendre au charme d'une amie, qui en est aimée et qui l'aime comme si elle était ou sa maîtresse ou son amant.

Un jour, en l'une des conférences exquises dont elle a le secret, la vieille marquise d'Oboso nous a expliqué la psychologie de cette femme et a couvert son péché d'une si gentille indulgence qu'elle ne nous a point semblé commettre une très grande faute. La psychologie de la Lesbienne—il faut bien appeler les choses et... les femmes par leurs noms—telle que nous l'a détaillée, un peu sommairement, mais aimablement, la marquise d'Oboso, est la même, à peu près, que celle de la femme dont il a été question dans la précédente méditation.

La femme est une amoureuse instinctive d'elle-même, de sa propre personne et en chérissant une amie, en acceptant ses caresses, elle s'adore simplement—à la manière du beau Narcisse—dans l'inconscience de l'intérêt passionnel qu'elle puise en sa seule individualité.

Il paraît que cette catégorie de femmes est très nombreuse, à Paris, et comme je m'étonnais, devant Yvonne, du goût spécial qui les inspire, qui les porte à s'éloigner de l'amant, la folle s'est mise à rire.

—Tu seras donc toujours une fillette naïve, s'est-elle écriée, ma petite Luce, et tu ne voudras donc jamais admettre que chacun ne pense pas comme toi?

—Je ne crois pas être très naïve, aujourd'hui, ai-je répliquée un peu piquée, et il ne m'est pas défendu de ne pas comprendre—dans le sens passionnel et philosophique des mots—certaines choses, certains faits.—On nous assure que la femme qui aime la femme pullule, actuellement autour de nous. Je ne nie pas son existence; mais je me permets de ne pas approuver son procédé.—Sais-tu bien que si, en dépit des galantes théories de Mme d'Oboso, en dépit de la galante bienveillance qu'elle professe pour tout ce qui, de près ou de loin, touche à l'amour, on acceptait les doctrines de ces révoltées—car la femme qui aime la femme est une révoltée—c'en serait fait de nous autres, pauvres niaises qui croyons encore à notre *Pater* d'amantes, à l'humanité telle que le bon Dieu l'a voulue; c'en serait fait aussi des beaux airs vainqueurs de nos amis.—Je ne veux pas que cela soit.—On nous dit qu'il s'est institué, à Paris, de véritables associations, de véritables clubs de femmes, en lesquels le regard d'un homme ne pénètre jamais. On nous dit que, dans ces lieux clandestins, dans ces sortes de loges maçonniques, se pratique un mode de tendresse particulière et que les initiées y prononcent le serment de renoncer à l'amour tel qu'on le conçoit habituellement, y prononcent des vœux pareils à ceux que les nonnes balbutient, au jour de leur prise de voile, y abdiquent leur sexe presque, et y jurent une haine à tout ce qui est de nature masculine.—Je ne perds point mon temps à récriminer contre les opinions de celles qu'un désir de mystère, qu'un réel sentiment de l'étrange, plutôt qu'une sincère conviction, amènent en ces lieux. Mais je prétends que ces femmes se trompent sur l'excellence de leur façon d'aimer, sur l'absolu même des sensations qu'elles éprouvent, dans le don et dans l'offre de leur particulière affection.—C'est une exaspération de féminité qui conduit les unes à se refuser à l'amant, pour rechercher la caresse d'une compagne; c'est une déviation des sens, c'est une masculinisation de tout l'être qui jettent les autres vers des plaisirs qui leur procurent l'oubli d'une passivité qui, entre les bras de l'homme, les laisse insatisfaites.—Les premières sont des exaltées trop éprises d'elles-mêmes, de leur grâce; les secondes sont des «incomplètes» condamnées à la recherche éternelle d'aspirations dont on retrouverait peut-être la cause dans un phénomène d'atavisme, dans une monstruosité ascendante.

—Tu parles, dit Yvonne, comme l'abbé de Mervil ou comme le docteur Lescot.

Sans répondre à cette interruption malicieuse, je continuai:

—Je suis de celles qui ne sont point exclusives, en amour, et qui acceptent volontiers qu'une femme aime dans la femme, la grâce, la séduction dont elle est faite. Je pourrais aimer une amie, dans une heure nerveuse, et éprouver quelque joie à m'en sentir aimée. Mais, dans l'expression même de ce sentiment, de cette impression, un peu subversifs, je resterais et tiendrais à rester femme, je ne renoncerais à aucune des émotions qui naissent de mon sexe, à aucune des sensations qu'il provoque.—La femme qui retranche de sa vie le contact de l'amant se place en dehors de l'amour, presque, et crée comme une troisième espèce en somme peu intéressante. Cette femme, en outre, lorsqu'elle n'obéit point, dans les manifestations de ses goûts, à cette attraction toute individuelle dont parle Mme d'Oboso—attraction inconsciente et partant étrangère à tout calcul passionnel; lorsqu'elle agit, au contraire, dans toute la réflexion d'un désir incompatible avec sa nature, dans toute la volonté brutale d'une caresse préméditée, est coupable—coupable plus que la femme qui s'adjoint une amie dans le partage du baiser.—Celle-ci, dans la bizarrerie, dans la criminelle perversité, si l'on veut, de son plaisir, n'abandonne rien de sa propre essence et, si tout en aimant son reflet dans la personne de sa compagne, elle se laisse entraîner par la séduction originale d'un contact troublant et inhabituel, elle demeure ce qu'elle doit être—femme—et maîtresse de ses tendresses comme de celles de l'amant.—En matière de sensations, il n'est point d'abstractions. Or, la femme qui supprime de sa vie le contact, le souvenir de l'homme, crée une abstraction. Celle, au contraire, qui offre à une amie le partage de sa joie intime, qui se double de sa silhouette, élargit ses impressions, complète la volupté dont elle est friande.—Nous subissons l'influence d'une civilisation avancée et la volupté, comme toutes les choses, dans l'état de problème, de perfectibilité en lequel se trouve le monde, est hésitante, s'en va comme à la découverte de «motifs» plus en rapport avec les aspirations des cerveaux et des sens modernes que ne le serait évidemment l'amour goûté par une société primitive. La volupté se transforme, change d'aspect, modifie ses besoins, ses séductions, selon le temps en lequel elle se manifeste. Sous l'action réflexe des inventions qui nous effraient, qui nous stupéfient, parfois, dans la trépidation matérielle et intellectuelle d'une époque toute aux nouveautés, aux impatiences de vivre, la volupté ne saurait demeurer stationnaire et j'admets qu'elle sorte de l'immuabilité à laquelle veulent la contraindre les puritains. C'est pourquoi je ne m'élève que médiocrement contre les désirs inquiets des uns, contre les satisfactions extra... amoureuses des autres; c'est pourquoi je me contente de constatations que je me refuse à faire amères ou raisonneuses. Il me paraît, cependant, que la volupté est soumise à des lois naturelles—physiques et morales—qu'elle ne doit, qu'elle ne peut répudier sans qu'il résulte pour elle, de ce renoncement, comme une sorte de désorientation contraire à l'essence même des choses dont elle se réclame. Nul n'affirmera jamais que la vie d'un être ne soit pas une chose sacrée à laquelle on ne saurait attenter, que l'on ne saurait détruire, déguiser, sans commettre un crime. Nul n'affirmera jamais que frapper d'impuissance sensuelle un enfant, dès sa naissance, un homme adulte, ne soit pas également un crime.—La volupté est assimilable à cette chose qui se nomme la vie, à cette autre chose qui se nomme le pouvoir de créer, chez l'homme, et quiconque porte atteinte aux affinités qui la composent, commet un crime. On peut accroître la sensation de la vie, on peut développer le pouvoir créateur de l'homme; on peut de même donner plus d'intensité passionnelle à la volupté, mais nul n'a le droit de l'amoindrir, de lui arracher l'un des éléments qui en assurent l'expression.—La femme qui fuit la présence de l'homme, mutile la volupté, accomplit une action blâmable, déforme l'esthétique du baiser.—C'est le cul-de-jatte de l'amour.

J'étais fort sérieuse, paraît-il, en débitant cette tirade; et Yvonne m'ayant complimentée sur mon éloquence, je me trouvai un peu ridicule.

Après tout, ai-je été si ridicule que cela?

L'INTIMITÉ

Yvonne vient de «renouveler,» ainsi qu'on dit, sa chambre à coucher, et telle qu'elle se présente, maintenant, elle donne l'impression très suggestive d'un nid d'amour. Cette impression devrait être offerte, en vérité, par toute femme qui n'est point insensible au baiser et Yvonne a parfaitement compris l'influence du milieu favorable aux confidences, en se débarrassant du mobilier fort beau, évidemment, qu'elle possédait, mais peu en rapport avec les aspirations de son intimité.

Tout, dans sa chambre, prête à la méditation, à la sensualité, à l'oubli de ce qui n'est pas l'amour.

Le lit, large et bas, semble inviter à la possession facile et sûre; les sièges, fauteuils, chaise-longue, coins de feu, paraissent faits pour de multiples et capricieux désirs; les emmitouflements des portes et des fenêtres, permettent le silence et l'isolement nécessaire au plaisir.—Aux murs tendus d'étoffe assortie à la nuance de la gentille folle, pendent quelques tableaux—des gravures choisies, des reproductions de Fragonard, de Vanloo. Sur un chevalet, un cadre original: le ou plutôt les portraits d'Yvonne, photographiée en diverses attitudes. Il y a là, une quinzaine de poses véritablement merveilleuses. Cette façon peu banale d'exposer son image devient une mode élégante; la toute blonde Mme de Sorget l'a adoptée, également, et l'on m'apprend que plusieurs mondaines ont suivi son exemple.

Il est peut-être inutile que je dise que tous ces portraits sont signés Reutlinger, le photographe si parisien, si féministe. Nul mieux que lui, en effet, ne sait silhouetter la femme moderne, nul mieux que lui ne sait la rendre avec tout son charme, avec toute sa grâce. C'est un très réel et un très sincère artiste. Le premier, il a réussi à représenter, par la photographie, la femme dans l'expression personnelle qui la fait séduisante. Il est de ses portraits qui sont des chefs-d'œuvre et auxquels le peintre le plus difficile n'aurait rien à retoucher. Reutlinger restera certainement comme l'un des féministes, amants de la forme et de la beauté modernes. Toutes les jolies femmes de Paris—mondaines, demi-mondaines et actrices—passent ou sont passées par ses ateliers et la collection de ses figures, formera, dans un temps, un document précieux pour l'écrivain ou pour le peintre qui souhaitera d'établir l'histoire de la femme, en notre curieux et troublant dix-neuvième siècle.

Lorsqu'on entre dans la chambre d'Yvonne, à l'impression d'amour que l'on éprouve, s'ajoute une impression plus spéciale et très subtile. Il semble, en la voyant ainsi reproduite à l'infini, en des attitudes différentes, que l'on ait la vision d'une multiplication magique de sa personne et l'on comprend que l'amant qui franchit un tel seuil, se sente saisi par une griserie délicieuse, comme par l'enveloppement d'un baiser qui naîtrait, puissamment, de quinze bouches confondues en une seule.

La femme est une idole—une idole qui entend et exauce, souvent, les prières de ses fidèles—et sa chambre à coucher, plus que son salon, plus que son boudoir, est l'endroit de sa maison où sa beauté doit régner. C'est le tabernacle devant lequel tous s'agenouillent, mais que le seul prêtre approche, ouvre et consacre de sa force, de sa science. Qu'on le veuille ou qu'on ne le veuille pas, la femme a imposé son culte à la société actuelle et on l'adore parce qu'elle est tout ce qui reste d'affiné, de délicat, d'exquis, dans une démocratie qui jette sur tous et sur tout, de la vulgarité.

Qu'elle soit—étant une amoureuse—fidèle ou inconstante—qu'elle se garde pour la caresse unique de l'homme—mari ou amant—qu'elle a choisi, ou qu'elle demande à l'aventureux hasard de ses mondanités les sensations dont elle a besoin, elle doit avoir le souci de son charme, de sa grâce, et elle doit les placer dans un cadre qui les fasse valoir, qui permette de les goûter avec quiétude, avec bien-être.

Elle ne saurait donc trop apporter de minutie passionnelle dans l'arrangement de son appartement intime, de sa chambre à coucher, surtout.

La volupté se dégage de l'extériorité des choses qui entourent une femme, comme de la vue, comme du contact même de cette femme.

Or, l'amant sincère qui subit si profondément l'influence des objets qui appartiennent à sa maîtresse, l'influence du cadre en lequel se dessine sa silhouette, est d'autant plus apte, d'autant plus ardent à chérir, d'autant plus disposé même à faire montre de son savoir, que la femme qui le reçoit sait mieux établir, autour d'elle, et pour lui, pour le baiser qu'elle attend, une atmosphère de tendresse, une séduction ambiante à laquelle il lui est impossible de résister.

Le jeu d'amour, comme tant de jeux, exige de l'application, de l'habileté, une intellectualité qui provoquent toutes les ressources des partenaires en présence. En une époque où les nerfs exaspérés ont acquis une sensibilité excessive, vibrent impérieusement, où l'affinement, la recherche, la nouveauté des sensations font de l'amour une chose compliquée et le privilège luxueux d'une minorité, il est nécessaire que la femme comprenne, si elle tient à la durée du culte dont elle est l'objet, que tout, en elle, doit s'offrir à concourir à l'expression personnelle de son désir, comme à l'éclosion des satisfactions, des espérances qui se lèvent devant elle, sous la chaleur de son souffle, sous la douceur de son contact.

Une amoureuse, réellement digne de ce nom, ne devrait jamais laisser de porte ouverte à l'imagination de l'homme qu'elle admet en son intimité. Dès l'instant où l'homme pose son pied sur le tapis de sa chambre, il devrait ne plus s'appartenir, il devrait se sentir pris par l'âme comme par les sens et marcher vers l'oubli de tout ce qui n'est pas sa maîtresse. Par la vue, par le toucher, par l'odorat, par l'ouïe, par le goût, il devrait posséder non seulement la femme, mais encore tout ce qui forme la nature, l'essence, la matérialité même de son intimité. Sa pensée, sa chair, agrippées comme en un piège—mais comme en un piège délicieux—devraient devenir étrangères au monde et s'endormir dans le charme de la caresse donnée et reçue, dans la volupté enveloppante, aussi, des choses, des objets au milieu desquels naît cette caresse.

Je sais bien qu'il est malaisé à une femme, souvent, de revêtir ainsi son intimité d'une sorte de décor magnétique qui en accroîtrait l'influence. Il est, cependant, des femmes qui ne manquent pas d'adresse et qui puisent leur force dans le souci constant qu'elles prennent de leur attitude, des sensations qui se produisent à leur approche.

On citait, récemment, une femme qui étant une très belle causeuse en même temps qu'une superbe amoureuse, avait deux parfums spéciaux à son usage—un parfum pour les heures de la conversation et un autre pour celles de l'amour.

Le parfum de la conversation était doux, discret; c'était un parfum paisible, honnête, bon enfant, qui laissait aux hommes toute leur lucidité d'esprit, qui ne les incitait qu'à des propos pleins de réserve.

Le parfum de l'amour était capiteux, étrange; c'était un parfum nerveux, impudique, batailleur, qui mettait de la folie dans le cerveau, qui inspirait des audaces, des aveux impatients.

Cette femme fut heureuse, ayant la double satisfaction de l'âme et de la chair.

Toute amoureuse devrait songer à l'imiter et imprégner sa vie, sa personne, son intimité de ces deux parfums, qui maintenaient sa puissance.

Yvonne en connaît-elle le secret, comme elle connaît celui de tant d'autres choses?

Je le lui demanderai.

DON JUAN

A propos de je ne sais quelle discussion philosophique, chez Mme de Sorget, on en vint à parler de don Juan; et à ce nom, à l'évocation du personnage légendaire qui le porte, il y eut des pâmoisons, presque, autour de nous.

Don Juan, c'est-à-dire l'homme cruel aux femmes—à la femme plutôt— l'égoïste froid qui ne cherche qu'une sensation personnelle, qui regarde la femme comme l'instrument passif de son plaisir, qui fait l'amour comme on accomplit une fonction naturelle, comme on boit, comme on mange, comme on dort, mu par le seul besoin de satisfaire son animalité, don Juan a la faculté encore d'émouvoir des âmes, de troubler des sens, de soumettre à son autorité des imaginations.

Je comprends peu l'engouement qu'il inspire; j'avoue même, en dehors de toute impression individuelle, que son caractère me semble fort vulgaire, fort banal, et que le bruit qu'il a fait, dans le monde, me paraît exagéré.

Don Juan est un type commun et qui ne vaut pas d'être chanté en vers ou en prose par tant d'écrivains de tous les pays. On le rencontre partout, un peu, dans les salons, dans la rue, dans les mauvais lieux; il est élégant ou haillonneux, selon le milieu en lequel il s'agite; et la spéciale galanterie qu'il professe, qui l'a rendu et qui le rend encore célèbre, ne présente qu'un médiocre intérêt.

Don Juan possède beaucoup de femmes, a toutes les femmes qu'il désire et les abandonne toutes, dès la première caresse assouvie.

En vérité, cette façon d'aimer—qui est celle d'un sous-officier qu'ennuie la caserne—renferme des séductions, une psychologie dont je cherche vainement le côté non seulement attrayant, mais le sens original.

Il n'est point difficile à un homme, à quelque classe de la société qu'il appartienne, et dans le cercle ordinaire de ses relations, de connaître un grand nombre de femmes, de les duper et de les oublier.

Si c'est là le procédé qui fait d'un homme un émule du héros tragique, ce procédé est simple et à la portée de chacun. Il pouvait être apprécié en un temps où l'amour était envisagé dans une conception élémentaire, apparaissait comme l'expression très simple d'un sentiment naïf ou comme la manifestation brutale d'une sensation peu compliquée; mais, en notre époque, il ne saurait résister à l'analyse de la volupté, à sa formule, il ne saurait contenter les instincts.

Nous aimons autrement que nos devanciers, nous aimons avec toute la sensitivité de notre esprit et de nos nerfs, et nous ne nous attachons plus à un homme qui n'a que son animalité à nous offrir.

Don Juan, tel qu'il se présente à nous dans la légende, tel qu'il se présente à nous dans la vie moderne, avec tous les caractères de son passé, ne saurait éveiller l'attention d'une femme délicate, sensuelle et consciente de son propre charme, consciente aussi de la grâce de son baiser, de l'excellence de son intimité.

A vrai dire, don Juan, trousseur de grandes dames, de bourgeoises, d'ouvrières et de paysannes, n'existe pas aujourd'hui. L'homme à bonnes fortunes exerce son influence exclusivement dans le milieu qui lui est familier et selon ses goûts particuliers. On voit peu d'hommes élégants, retenus par l'attrait des femmes qu'ils fréquentent, s'en aller à l'office pincer le menton des soubrettes, et l'on peut être assuré que si un homme a quelque penchant pour la femme étrangère à son monde, il se contente de mettre à profit ce penchant, sans demander à celles qu'il coudoie dans les salons et qui n'ont aucun effet sur ses sens, sur son imagination, un plaisir inférieur à celui qu'il souhaite et qu'il poursuit.

L'universalité amoureuse de don Juan n'a peut-être jamais été. En tous cas, elle n'est plus; et le bel amant impassible qu'a si merveilleusement chanté Baudelaire, ressemble plus, actuellement, à un misérable cabotin qui ne fait plus recette, qu'à un voleur de baisers.

Don Juan, tel que je le conçois, dans l'atmosphère d'amour qui est la nôtre, n'est donc pas l'homme qui va de femme en femme, sans autre raison que celle de son animalité, mais bien l'homme qui repose son regard sur quelques femmes, consciemment choisies, et qui puise dans leur intimité une diversité de sentiments et de sensations, par le détail, par l'originalité desquels il complète la pensée ou l'impression qu'il demande à l'amour.

Don Juan, selon moi, est aussi celui qui n'apporte point à une femme que la seule spontanéité de son désir, mais qui lui offre la caresse dans une harmonie de paroles et d'actes habilement observés, dans la curiosité sans cesse entretenue du baiser.

Celui-là seul est don Juan qui sait l'art de goûter l'intimité de la femme et qui sait l'art d'émouvoir tout son être, dans l'initiation savante de la possession.

Ce rôle est, certes, plus difficile à tenir que celui du don Juan de la légende. Il est peu d'hommes qui le rempliraient avec succès et c'est pourquoi, sans doute, l'attitude du goujat fabuleux—car, n'en déplaise aux poètes, don Juan ne fut qu'un goujat—est encore célébrée.

Il est des vérités qu'il ne faut pas craindre de faire entendre, et la fausseté de caractère, la fausseté d'attitude du don Juan de la comédie ou de la tragédie, est une de ces vérités.—C'était un beau rustre, rien de plus, et aussi répugnant, dans ses facultés amoureuses, que le goinfre—qu'on me pardonne ce mot— qui, jamais rassasié, passe son existence à remplir son assiette, sans s'inquiéter de la qualité des mets auxquels il touche.

La figure de don Juan, plutôt symbolique, d'ailleurs, que réelle, aurait peu de chances d'être accueillie favorablement par la femme moderne. Si elle n'a point trop de rigueurs pour l'homme que l'on appelle «un mauvais sujet,» elle s'écarte avec une sorte de répulsion de celui qui ne la souhaite que pour lui-même, qui, dans une inintellectualité naturelle ou dans une obstination égoïste, se refuse à la connaître et à se connaître en elle.

La femme actuelle est une amoureuse et veut un amant dans celui à qui elle se donne.

Or, don Juan n'a rien d'un amant; il obéit à l'instinctif besoin de s'accoupler, sans même déguiser l'impulsion qui le mène; c'est l'être primitif, c'est la bête qui s'empare de la femelle, là où il la rencontre, et qui la délaisse, indifférent, alors qu'il en a obtenu l'apaisement de ses sens. Il n'a rien qui puisse satisfaire la femme moderne dans ses goûts, dans ses curiosités, dans sa perversité même, dans la sentimentalité aussi à laquelle elle ne renonce point à l'heure de l'abandon.

La femme d'aujourd'hui, affinée, passionnée, veut être aimée—dût-elle avoir la certitude que le baiser qu'elle reçoit ne se renouvellera jamais— comme si ce baiser devait être durable, immuable, constant. Elle pardonnera le baiser éphémère, l'oubli de l'amant, si ce baiser lui a procuré l'impression d'une éternité, si cet oubli n'a point laissé, derrière lui, une caresse incomplète. Ce n'est donc point la frivolité, l'infidélité, la fugitive expression d'une tendresse qui l'éloignent du don Juan historique; elle s'en détourne simplement parce qu'elle sent, en lui, le mépris de sa chair, l'insouciance de sa grâce, l'ignorance, l'incompréhensibilité de son intimité.

Si l'on instituait un musée de l'amour, je voudrais qu'on y plaçât en une vitrine, l'effigie de don Juan et qu'un gardien, en passant devant elle, prononçât ces seuls mots:

—Voici celui qui servait, autrefois, à faire peur aux femmes.

Les visiteuses lui feraient la plus belle, la plus moqueuse révérence, et c'est bien là, tout, en vérité, ce que mérite son souvenir.

LES SEPT GRACES DE LA FEMME

La femme est la source d'amour inépuisable, et comme les fidèles adorent la madone, dans ses Sept Douleurs, l'homme peut l'aimer—on dirait que ce chiffre est fatidique—dans les Sept Grâces qui sont en elle.

Ces grâces sont: les Cheveux, les Yeux, la Bouche, la Main, la Jambe, les Seins, l'Intimité.

Il n'est point d'amant véritable qui, se contentant de la dernière de ces grâces, dédaigne de demander à celles qui l'accompagnent, le complément de sensation, l'exquise impression qu'elles renferment et qui font, de la possession, une chose parfaite, une joie absolue.

Les Cheveux de la femme ont, par leur odeur, par leur toucher, une caresse particulière et une influence spéciale sur le désir de l'homme. Leur contact le prépare au baiser et, dans le magnétisme, dans l'électricité qui se dégagent de leur masse—brune, blonde ou rousse—il trouve les éléments nécessaires et progressifs de son exaltation. L'homme, sous le frôlement des cheveux de la femme, sous leurs émanations, est comme une bouteille de Leyde qu'on approche d'une machine électrique, par exemple; il emmagasine une force qui développe ses facultés et qui, dans l'expression plus effective de la volupté, se manifeste pareillement à l'étincelle qui jaillit de la bouteille de Leyde, lorsqu'on la met en relation avec un objet conducteur du fluide.

On pourrait, sans doute, critiquer cette façon scientifique et trop matérielle d'expliquer le jeu passionnel de l'un des principes de l'amour. Je crois que l'on aurait tort. L'amour a beaucoup d'analogie avec les phénomènes physiques et s'il n'est pas défendu de le spiritualiser, s'il est bien même de le poétiser, il est raisonnable de le traiter, parfois, presque chimiquement.

Toutes les grâces de la femme ne s'analysent pas, d'ailleurs, de la même manière et si l'influence des cheveux supporte une démonstration scientifique, les Yeux ne sauraient s'y prêter.

En amour, le plus souvent, la parole naturelle n'existe pas et c'est par le seul regard que communiquent les amants. Les yeux disent la pensée de la femme, ses émois, ses espoirs, ses satisfactions, ses inassouvissements. Soit qu'ils se fixent, suppliants ou impérieux, sur ceux de l'homme, soit qu'ils se ferment à demi et se perdent mourants, comme en des espaces que la femme seule aperçoit, qu'elle seule crée et traverse, ils expriment toutes les phases de la possession et leur langage qui remplace celui de la bouche—leur langage muet et fait de sensations éprouvées dans la spontanéité de la caresse—dirige l'homme dans son baiser et lui inspire, presque à son insu, de subtiles attentions.—Les yeux de la femme révèlent le degré plus ou moins puissant de sa nature passionnelle. Il est des femmes dont les yeux distillent l'amour, comme certaines plantes des parfums délicieux; il est des femmes dont les yeux jettent un appel auquel nul amant ne peut se dérober. Le désir, la folie de l'intimité les prennent, à les contempler, et s'il ne leur est point permis de les voir, dans le secret, dans le mystère du tête à tête, ils en gardent le souvenir—comme, sur la chair, la marque profonde d'un fer rouge.

La Bouche de la femme a plus de matérialité—son contact étant tout charnel—que ses yeux.—Silencieuse dans l'amour, elle a, cependant, ces deux caresses divines et suprêmes: la caresse du sourire et celle du baiser.—Elle pose, tout à la fois, l'un et l'autre—le sourire et le baiser—sur la lèvre de l'homme et elle l'attire, abîme charmant et doux, comme dans le vertige d'un gouffre attractif.—La bouche de la femme est comme la porte officielle de l'amour. L'amant la franchit avec son âme et avec son corps, et c'est sur son seuil, c'est sous son portique rose, qu'il sent, qu'il devine les joies qui lui vont être offertes.—Sa matérialité même, la saveur qui s'en échappe, le saisissent et le retiennent, dans le mélange d'un souffle désormais unique, dans la communion invisible d'une tendresse, et il lui semble qu'il voit l'âme et le désir de sa maîtresse, comme si ses lèvres avaient un regard.—La bouche de la femme a des mœurs vagabondes aussi. Elle est pareille à un gentil chanteur qui parcourrait les rues, semant de l'harmonie, du charme devant toutes les demeures. Elle n'ignore rien de l'amant et, dans l'essèmement de baisers qu'elle verse sur lui, il goûte la mélodie tantôt nerveuse, tantôt calme de l'amour—tel le refrain du gentil chanteur charme ou exalte ceux qui l'écoutent.—La bouche de la femme est presque toute la femme.—La femme prend et offre, par elle, plus peut-être que par son intimité qui n'est que le complément obligé du baiser—que le palais magnifique en lequel s'arrête et se repose le voyageur, après une longue route.

La Main de la femme est l'une de ses grâces les plus réelles, les plus chères.—Non seulement elle est agréable à regarder, à effleurer des lèvres, à toucher, mais elle contient presque toute l'intellectualité en même temps que toute la matérialité de l'amour.—Dans son contact, il y a, en effet, autant d'intelligence que de passion physique. Elle est l'initiatrice, la conductrice du plaisir; elle détient la science et la pudeur de la possession; elle est l'élément générateur de la caresse, en même temps qu'elle en est l'instrument docile et soumis; son rôle fait d'activité et de passivité à la fois, est très subtil, très délicat. La main de la femme, dans la possession, est comme celle d'un pianiste, dans un concert. Placée devant un clavier, il dépend d'elle de charmer ou d'irriter, de séduire ou de lasser. C'est la dispensatrice du plaisir, c'est la créatrice du désir, c'est l'enchanteresse sublime qui pare du décor de la plus infinie tendresse, toute l'intimité, qui revêt d'une intelligente attraction les matérialités de la volupté.

La Jambe de la femme possède une séduction particulière. Elle conduit au mystère et, dans la vision qu'on en a, habituellement, perdue en des froufrous soyeux, elle inspire à l'homme cette impression spéciale qui le mène, dans la vie, à la recherche de l'inconnu. Plus que toutes les autres grâces de la femme, elle est suggestive, prenante et affolante; il est des hommes qui, ignorant le visage d'une femme, la suivent obstinément, sans l'espoir même de lui parler, pour n'avoir aperçu que le contour de sa jambe, au relevé d'un trottoir, au milieu d'une chaussée.—La jambe, comme la main, est susceptible d'intelligence et, dans l'amour, son influence n'est pas moindre sur l'homme.—La jambe a sa caresse, son charme, sa séduction particuliers. Elle peut être impudique ou exquisement amoureuse. L'impudicité de la jambe, son inélégance, ne sont point excusables et peuvent créer une séparation irrémédiable entre deux amants. L'affinement de son attitude, au contraire, exalte le désir.—J'ai dit que la jambe conduit au mystère. Elle est comme la grand'route de la possession, en effet, et il est nécessaire que tout, en elle, arrête le regard de l'homme.—L'homme, en amour, est comme un promeneur qui s'en va, un peu à l'aventure, admirant des paysages—ici, une vallée, là une colline. Plus la route est riante, plus il s'attarde à la parcourir. Or, la jambe de la femme est assez comparable à cette route. Selon qu'elle caressera l'œil de l'amant, la possession—c'est-à-dire le repos, l'arrivée du voyageur, seront plus ou moins délicieux.

Les Seins de la femme sont doux à l'amant, dans le calme, surtout, dans l'apaisement qui succèdent au désir et au partage de la volupté. Ils s'offrent à son baiser, avant la possession, et lui procurent une impression d'art plutôt qu'une impression passionnelle. Ils se prêtent à son repos, après la possession, dans le charme d'une tendresse qui n'a presque plus rien de sensuel.—Les seins de la femme sont une oasis où l'amant se retire, comme l'explorateur africain, heureux et exténué, sous la brûlure d'un ciel de feu.

L'Intimité de la femme—sa septième et suprême grâce—la plus désirable, ou mieux, la plus désirée—n'est peut-être pas de toutes ses grâces, malgré la facilité apparente de sa possession, la moins subtile, la moins empreinte d'intelligence.—Elle a son expression passionnelle particulière; elle a son langage spécial et personnel, et suivant que ce langage et cette expression sont plus ou moins charmeurs, plus ou moins savants et élégamment observés, son pouvoir est relatif ou absolu.—Elle est le mystère;—elle est la porte secrète de l'amour, comme la bouche en est la porte officielle. Pour que la possession soit entière, pour que la joie de l'abandon soit goûtée infiniment, il est nécessaire que l'amant la connaisse, se soumette à elle, à sa volonté, en même temps qu'il en reste le maître.— L'intimité de la femme est comme une liqueur précieuse qui demande à être dégustée lentement et qui, absorbée d'un trait, ne laisse qu'une saveur indistincte.—C'est la fin dernière de l'amour et c'en est aussi l'éternel recommencement.—Toutes les grâces de la femme sont faites pour elle, concourent à sa satisfaction, conduisent en elle la caresse, et la caresse meurt en elle pour renaître plus intense, plus complète, plus sûre d'elle-même.— L'intimité de la femme est divine, car l'homme oublie, par elle, qu'il est homme—c'est-à-dire inassouvi sans cesse, malheureux. Sa misère morale ou matérielle s'efface devant elle et, dans la séduction immuable qu'elle porte, elle est toute l'âme, elle est tout le corps de l'humanité—elle est la Vie.

Telles sont les Sept Grâces de la femme.—Combien de femmes en ont la conscience et combien d'hommes savent les servir, les aimer?

RECOMMENCEMENT CONJUGAL

Il y a deux jours que je n'ai vu Yvonne et il y a quelques heures à peine que je n'ai vu M. de Nailes.—Que de choses, en ces deux jours, en ces quelques heures sont venues, brusquement, troubler ma paisible existence!

Comment les leur apprendre?

Pour Yvonne, ma confession sera facile; mais pour M. de Nailes!...

En une phrase comme en cent, voici les faits: j'ai revu Jean, oui, Jean de Rosnay, mon mari, que depuis longtemps je n'apercevais guère qu'à la dérobée et... et c'est ici que ma langue s'embarrasse, que ma plume hésite... et j'ai été à lui, pleinement, follement à lui, ainsi qu'au temps de notre courte lune de miel.

Comment cet événement s'est-il accompli? Fort simplement, en vérité. Jean a été charmant; la tête m'a tourné en le regardant et... et lorsque je suis revenue à moi, j'avais trompé M. de Nailes, non plus comme naguère, en rêve, mais en réalité.

Je devrais m'en vouloir, me mépriser, car enfin ce que j'ai fait là est mal, stupide et inutile, sans doute, pour mon bonheur futur. Eh bien, je l'avoue, je ne m'en veux pas, je ne me méprise pas et je ne trouve ni si mal, ni si stupide, ni si inutile d'avoir accepté la joie imprévue que j'ai goûtée.

Yvonne va bien rire lorsque je vais lui conter cette aventure. Elle est indulgente à toutes les aventures, elle, comme la marquise d'Oboso et ce n'est pas son jugement que je crains. Mais comment dire à M. de Nailes?... Bah, je ne lui dirai rien; le silence simplifie bien des choses dans la vie; pourquoi, en effet, irais-je lui faire le récit de la faiblesse que j'ai eue pour mon mari, alors que j'ai toujours évité que Jean se doutât que j'avais un amant?

«Que j'avais un amant...»—Voilà déjà que j'emploie le passé en parlant de ce pauvre M. de Nailes. Comploterais-je, inconsciemment, de me séparer de lui, de lui donner son congé? Non pas. Lui aussi est charmant et possède des qualités qui me l'ont rendu, qui me le rendent cher. Je lui laisserai ignorer mon escapade avec mon mari et, puisque je continuerai de l'aimer comme si— selon une parole arabe—nul oiseau n'avait traversé l'espace—il n'y aura rien de changé entre lui et moi.

Une pensée, cependant, me tourmente à son sujet. Si nos relations restent les mêmes, il se trouvera beaucoup plus... trompé que ne l'était mon mari, car durant notre liaison j'avais cessé toute intimité avec Jean, tandis que désormais, si j'en crois des symptômes qui ne mentent pas, je ne saurais me défendre d'écouter les tendres propos de mon mari.

La «belle madame» de Sillé qui est, parfois, un peu sentencieuse, dirait, en pareil cas, que, la situation étant inextricable, il faut l'accepter avec ses bons et ses mauvais côtés. C'est ce à quoi je vais me résoudre, sans doute, m'en remettant au sort, au destin, quant au dénoûment de l'aventure.

Je ne tenterai rien pour que M. de Nailes sache que je suis redevenue la femme de mon mari, et je ne ferai rien pour que Jean cesse d'ignorer que j'ai un amant. Celui des deux qui devinera l'énigme de ma vie et qui s'en déclarera blessé, se retirera de moi et je n'aurai ainsi aucune responsabilité dans la peine, dans la colère qui pourront résulter de cette découverte.

Si quelqu'un m'avait dit, hier, que je me laisserais reprendre aux beaux airs froids de Jean, j'eusse bien ri ou je me fusse indignée. Je m'y suis laissé reprendre, pourtant, et à ma honte, je le constate, sans difficulté.

Comment expliquer une telle catastrophe, car c'est une catastrophe que ce renoûment d'une affection, d'un amour, que je croyais brisés, morts, à tout jamais?

Je ne sais qui a dit que la femme ou qu'une femme sera toujours à l'homme qui l'a possédée vierge, qui a mis en elle l'initiation du baiser—que ce baiser ait été doux ou brutal, agréable ou décevant.

Il est probable que, dans la circonstance qui m'est personnelle, Jean a bénéficié de la priorité d'amour qu'il a eue avec moi. Quoi qu'il en soit de toute cette psychologie, il m'a ressaisie et je ne me suis pas dérobée à son désir.

Je ne saurais le nier, cette heure d'un renouveau que je n'attendais pas, a été délicieuse. Mon Dieu, si M. de Nailes lisait cet aveu par-dessus mon épaule!...

J'étais, cette après-midi, seule dans ma chambre, occupée à quelques rangements que m'avait conseillés Yvonne, lorsqu'un coup discret, frappé à ma porte, me fit lever la tête.

—Entrez, dis-je.

Ce fut Jean, mon mari, qui parut.

Comme je m'étonnais de sa présence inhabituelle chez moi, il s'excusa de m'importuner et prit, pour prétexte de sa visite, un renseignement mondain à me demander.

Je lui fournis son renseignement, mais il ne s'en alla point. Il s'assit même, sur une chaise-longue, dans un coin, un peu dans l'ombre, et je crois que je le vis s'apprêter, comme à l'époque où nous étions des amoureux, à rouler familièrement une cigarette. J'eus alors comme une impression de colère. Ne pouvant soupçonner les intentions de mon mari, je pensai qu'il se moquait de moi ou qu'ayant su ma liaison avec M. de Nailes, il se disposait à provoquer une explication—une scène, entre lui et moi.

—Eh bien, fis-je, hautaine, que faites-vous donc, monsieur?

Il se prit à sourire.

—Vous le voyez, répliqua-t-il, je vous tiens compagnie. Ma présence vous désoblige-t-elle?

—Elle me surprend, tout au moins.

—Vous la repoussez?

En prononçant ces derniers mots, Jean était si câlin, si gentil, oui, je le dis, là, vraiment si gentil, que je me sentis soudain troublée, émue, que je balbutiai, ne sachant que répondre, et que mes yeux s'emplirent de larmes.

—Je... n'ai... aucune... volonté... vous êtes... le... maître...

Il s'était levé et vint vers moi.

—Et vous... madame... murmura-t-il très bas à mon oreille, n'êtes-vous pas la maîtresse?...

Puis, très tendre:

—Si je te demandais de la redevenir, pour de bon, la maîtresse, ma petite Luce, que me répondrais-tu?

Je voulus parler, fuir—que sais-je?—Mais Jean ne me donna point le temps de me défendre. Sa bouche ferma la mienne et ses deux bras m'étreignirent.

—Ah, n'avons-nous pas été fous assez longtemps, fit-il, en m'entraînant du côté de la chaise-longue, dans l'ombre, et ne crois-tu pas, avec moi, qu'il est mieux de redevenir raisonnables... de nous aimer?...

Et nous sommes redevenus raisonnables, à la façon de Jean, et nous nous sommes aimés.

Mon Dieu, que cela a donc été bon, et pourquoi faut-il que de l'irrémédiable soit entre Jean et moi, aujourd'hui?

Oui, nous avons été fous en cessant de nous aimer. Mais qui pourra jamais analyser le cœur humain et affirmer que nous aurions eu la joie infinie d'être des amants—Jean et moi—cette après-midi, si nous avions toujours été raisonnables?

Je suis troublée, bouleversée, et je voudrais connaître ce que demain mettra sur notre baiser.

Demain, pardi, y mettra M. de Nailes; et c'est cela qui, maintenant, en dépit de toutes les résolutions que j'énonçais tout à l'heure, me chagrine.

———————

ADIEU A L'AMANT

Jean ne me quitte plus, et c'est tout le temps, avec lui, depuis une semaine, des baisers, des baisers, des baisers.

J'ai été obligée d'écrire à M. de Nailes que je ne pouvais le rencontrer et qu'il attende que je lui dise quand il me sera loisible de le revoir.

Je crains bien—pour lui—par exemple, que la possibilité d'une rencontre avec moi, autrement que dans le monde, ne se présente plus. Mon mari, que je croyais ignorant de notre liaison, la connaissait, et la façon qu'il a employée pour me faire savoir qu'il était au courant de mon aventure, me paraît mettre un terme à cette aventure.

Hier soir, comme nous rentrions, Jean et moi, à la maison, après une sauterie chez les de Sorget, et comme nous venions de nous aimer plus ardemment encore que tous les jours et soirs précédents, nous avons eu un entretien qui, dans son originalité, est très important.

Tout à coup, mon mari s'étant à demi assis en notre grand lit—«notre» grand lit!...—comme ce mot «notre» me semble aimable...—me regarda, sourit et s'étirant la moustache qu'il a très fine, mais qui était alors un peu embroussaillée, me dit:

—Eh bien, madame, voilà une semaine que je vous adore, vous n'en doutez pas, je pense. Et vous, m'aimez-vous?

J'entrai dans son jeu et répliquai:

—Un peu, beaucoup, passionnément...

—Arrêtez-vous là, fit Jean, sur ce «passionnément.» C'est ainsi que je veux être aimé de vous et vous aimer. Mais... (il eut une hésitation) mais... puisque nous sommes de gentils amoureux, il ne faut pas l'être incomplètement. (Et brusquement, sur le ton d'un affreux juge d'instruction:) Qu'allez-vous faire de M. de Nailes, maintenant?

J'eus un sursaut, m'enfonçai sous les draps et cachai ma tête en mon oreiller.

—Voyons, répondez.

Je reparus, un peu timidement, et je balbutiai, naturellement, des mots confus, car l'idée ne me vint seulement pas, devant l'assurance de mon mari, de nier ma liaison.

—Quoi?... Que dites-vous?... M. de Nailes?...

—Eh, oui, M. de Nailes, ce pauvre M. de Nailes qui se désole à cause de vous et que je n'ai pas le courage de haïr, puisque j'ai été assez sot pour ne pas savoir m'en défendre... Qu'allez-vous en faire?

J'avais recouvré quelque sang-froid en voyant que Jean n'avait point l'intention de jouer une tragédie.

—Mon Dieu, répliquai-je, j'en ferai ce que vous ferez vous-même de Rolande, de la très belle Rolande de Blérac.

—Ah, vous aussi, vous savez...

—Que Rolande est ou a été votre maîtresse, oui, pendant le temps de «notre folie.»

Et parlant ainsi, j'appuyai sur les mots «notre folie.»

Jean sourit, se pencha sur moi et m'embrassa. Comme il se faisait un peu trop vite silencieux, je me dégageai et fis:

—Causons, s'il vous plaît, et, à votre tour, dites-moi ce que vous comptez résoudre au sujet...

Mon mari m'interrompit.

—Au sujet de madame de Blérac?... C'est fort simple, je ne la verrai plus.

—Je ne verrai donc plus M. de Nailes.

—Nous jurons?

—Nous jurons.

Notre entretien eut, ici, le silence que j'avais refusé à Jean un instant auparavant, et quand nous le reprîmes, nous étions graves.

Ce fut mon mari qui parla le premier.

—Sais-tu bien, ma petite Luce, que tu m'étonnes profondément. Je ne te reconnais plus... Faut-il que j'aie été assez imbécile pour ne pas deviner en toi la jolie amoureuse, la divine maîtresse que tu es!

—Sais-tu bien, mon petit Jean, que tu ne m'étonnes pas moins, que je ne te reconnais pas davantage... Pouvant être, pour moi, l'initiateur charmant, tu t'es lassé de ma naïveté, tu t'es découragé devant mon ignorance. Tu n'es point passé sous l'Arbre de la Science à l'ombre duquel j'ai dormi... Pourquoi des regrets, en somme, puisque nous nous retrouvons?

Le visage de Jean eut comme une expression douloureuse et triste.

—Nous nous retrouvons, mais, vois-tu, il eût mieux valu ne se perdre jamais.—Cette réflexion n'est pas, certes, pour amoindrir notre amour présent et à venir, mais elle formule sincèrement un regret que je te dois. La femme, en amour, reçoit son initiation, fatalement, que cette initiation vienne de son mari ou d'un amant. Si elle la reçoit de son mari, elle est heureuse, doublement, et peut ne demander aucun au-delà à l'horizon qui lui est fait; si elle la reçoit d'un amant, elle est heureuse encore, car elle n'est point responsable de l'insouciance de son mari, de celui qui devait la garder des curiosités, des séductions du baiser, en lui offrant ces curiosités, ces séductions. Elle n'a aucun regret à éprouver, aucun reproche à encourir, et ce regret et ce reproche retombent tout entiers sur le compagnon incapable qui n'a pas su la comprendre, la connaître, l'étudier, la servir. Cet homme est le coupable, dans l'adultère que son indifférence, que sa sottise ont laissé s'établir sous son toit. Il serait mal fondé à reprocher à sa femme d'avoir été, d'être une amoureuse, et de s'être donné à lui-même, devant elle, le rôle d'un gardien du sérail.

—Fort bien, dis-je; mais dis-moi, n'es-tu pas un peu revenu à moi, parce que tu as pensé que je n'étais plus la petite fille timide d'autrefois, l'élève que tout étonne et qui voulant apprendre, ne sait qu'épeler des syllabes?

—Je suis revenu à toi, parce que ta beauté n'a jamais cessé de me plaire, parce qu'aussi, tu dis vrai, j'ai songé, tout en ayant le remords de ne pas avoir été ton initiateur, que tu n'étais plus l'enfant candide de naguère.

—La morale de cela est que si je n'avais pas eu d'amant—ce mot n'a rien de choquant, entre nous, en ce moment—tu ne m'aurais peut-être plus souhaitée.

—La constatation est d'une philosophie cruelle. L'homme éprouve, instinctivement, le désir de reprendre ce qu'on lui a dérobé.

—Tu pardonnes et tu oublies, alors?

—Je t'aime...

Il y eut un silence, encore, entre Jean et moi.

Comme il dura longtemps et comme j'allais m'endormir, un souvenir se présenta à mon esprit. Je songeai, qu'un jour, avec Yvonne, nous avions traité de cette question du mari qui abandonne, maladroitement, à un autre, le soin d'instruire sa femme des choses de l'amour et que nous avions conclu que les hommes sont de grands niais. Nous n'avions pas pensé à ajouter que ceux qui reviennent, repentants et audacieux, à la fois, vers leurs femmes, ont beaucoup d'esprit. Jean me paraît être de ceux-là et je crois que je vais l'aimer de toutes mes forces. Le souvenir, aussi, de M. de Nailes se dressa en moi... mais comme au travers d'une brume, épaisse déjà.—Pauvre M. de Nailes, c'est sur son nom que je ferme ce carnet. Il mérite bien, entre nous, cette attention. Il me trouvera cruelle, frivole... il dira peut-être du mal de moi...

Mais non, c'est un galant homme; il saura souffrir—s'il souffre—correctement. Il ne se serait peut-être pas consolé que je l'eusse quitté pour prendre un autre amant. En sachant ma réconciliation conjugale, il se sentira moins malheureux et peut-être même aura-t-il l'intime satisfaction d'avoir été utile à mon bonheur.

FIN

Milton Keynes UK
Ingram Content Group UK Ltd.
UKHW010706240424
441619UK00004B/318